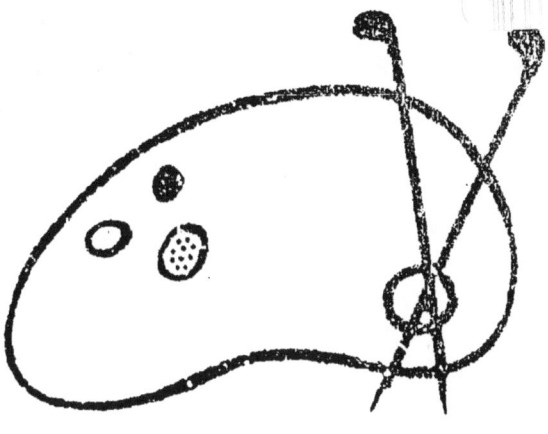

Couvertures supérieure et inférieure
en couleur

COUVERTURES SUPERIEURE ET INFERIEURE D'IMPRIMEUR.

1082

COLLECTION MICHEL LÉVY

ŒUVRES COMPLÈTES

DE

J. MÉRY

LA COUR D'AMOUR

CALMANN LÉVY, ÉDITEUR

ŒUVRES COMPLÈTES

DE

J. MÉRY

FORMAT GRAND IN-18

L'AME TRANSMISE	1 vol.	UN HOMME HEUREUX	1 vol.
UN AMOUR DANS L'AVENIR	1 —	LES JOURNÉES DE TITUS	1 —
ANDRÉ CHÉNIER	1 —	LA JUIVE AU VATICAN	1 —
L'ASSASSINAT	1 —	UN MARIAGE DE PARIS	1 —
LE BONNET VERT	1 —	MARSEILLE ET LES MARSEILLAIS	1 —
LE CARNAVAL DE PARIS	1 —	MARTHE LA BLANCHISSEUSE	1 —
LA CHASSE AU CHASTRE	1 —	MONSIEUR AUGUSTE	1 —
LE CHATEAU DE LA FAVORITE	1 —	LES MYSTÈRES D'UN CHATEAU	1 —
LE CHATEAU DES TROIS TOURS	1 —	NOUVEAU THÉATRE DE SALON	1 —
LE CHATEAU VERT	1 —	LES NUITS ANGLAISES	1 —
LA CIRCÉ DE PARIS	1 —	LES NUITS ITALIENNES	1 —
LA COMTESSE ADRIENNE	1 —	LES NUITS ESPAGNOLES	1 —
LA COMTESSE HORTENSIA	1 —	LES NUITS D'ORIENT	1 —
UNE CONSPIRATION AU LOUVRE	1 —	LE PARADIS TERRESTRE	1 —
LA COUR D'AMOUR	1 —	POÉSIES INTIMES	1 —
UN CRIME INCONNU	1 —	RAPHAEL ET LA FORNARINA	1 —
LES DAMNÉS DE L'INDE	1 —	SALONS ET SOUTERRAINS DE PARIS	1 —
DEBORA	1 —	THÉATRE DE SALON	1 —
LE DERNIER FANTOME	1 —	TRAFALGAR	1 —
LES DEUX AMAZONES	1 —	LE TRANSPORTÉ	1 —
LA FAMILLE DHERBIER	1 —	LES UNS ET LES AUTRES	1 —
LA FLORIDE	1 —	URSULE	1 —
HÉVA	1 —	LA VIE FANTASQUE	1 —
LA GUERRE DU NIZAM	1 —		
UNE HISTOIRE DE FAMILLE	1 —		

Imprimerie D. BARDIN, à Saint-Germain.

LA

COUR D'AMOUR

PAR

J. MÉRY

NOUVELLE ÉDITION

PARIS
CALMANN LÉVY, ÉDITEUR
ANCIENNE MAISON MICHEL LÉVY FRÈRES
RUE AUBER, 3, ET BOULEVARD DES ITALIENS, 15
A LA LIBRAIRIE NOUVELLE
—
1877
Droits de reproduction et de traduction réservés

Un vendredi de semaine sainte, après les cérémonies (*funzioni*) célébrées à Saint-Pierre de Rome, je montai, selon mon habitude, aux archives du Vatican, vaste reliquaire pontifical, où la science, l'histoire, la poésie ont des trésors inconnus.

Ces archives sont confiées à de jeunes ecclésiastiques du séminaire du Vatican, et j'ai souvent exploité à mon profit leur complaisance inépuisable et leur merveilleuse érudition. Ce jour-là, en nous entretenant, dans la belle langue du siècle d'Auguste, de la sublime solennité du jour, un de mes jeunes interlocuteurs, qui parlait latin comme un patricien du portique d'Octavie, me montra le couvent de Saint-Onuphre, par une large fenêtre de la galerie vaticane, et me dit :

— C'est là qu'est le tombeau du poëte Torquato Tasso ; chaque année, le vendredi saint, je fais un petit pèlerinage de ce côté, pour payer un pieux souvenir au Virgile chrétien qui a chanté la délivrance du tombeau de Jésus-Christ.

Je m'associai de grand cœur à ce pèlerinage, et notre conversation tomba naturellement sur les croisades et les temps chevaleresques. Ce fut avec une vive émotion que je vis le tombeau de ce grand poëte, qui a mis dans la bouche du plus ardent de ses héros ces nobles paroles françaises :

« Que dirait-on à la cour de France, si l'on savait que nous avons refusé notre appui à une femme ? »

L'esprit de la vieille France est tout entier dans ces mots.

— Nous avons aux archives, me dit encore le jeune professeur, nous avons, sur les croisades, de précieux manuscrits, et des ouvrages très-anciens, donnés par le Dominiquin au cardinal Aldobrandini ; ces matériaux de la science sont fort peu connus, vous pourrez venir les consulter dans vos loisirs de Rome, et votre curiosité sera satisfaite au delà de votre espoir, croyez-le bien.

J'acceptai avec joie cette offre obligeante, et après la semaine pascale, quand Rome eut repris sa physionomie ordinaire, je rendis plusieurs visites aux archives, pour recueillir sur les croisades des matériaux inédits, puisés aux meilleures sources, sans me douter qu'un jour ces notes de voyageur, crayonnées à la hâte, sous le dôme éternel de Saint-Pierre, me serviraient à donner un supplément aux histoires des croisés [1].

[1]. Indépendamment de nos recherches aux archives du Vatican, et nonobstant leur richesse, nous avons aussi puisé aux sources fécondes des écrivains orientaux ayant toujours soin de les collationner avec Joinville, Guillaume de Naugis et les autres historiens qui se sont occupés de Louis IX.

LA COUR D'AMOUR

I

DIEV EL VEULT !

Le 25 août 1248, la ville d'Aigues-Mortes assistait à un spectacle inouï : son port, le premier qu'un roi de France donnait à la Méditerranée, contenait une flotte immense sous voile; c'était la main droite de la France tendue vers l'Orient. Deux mille flammes d'or, scellées de la croix rouge, flottaient à la cime des mâts, les chaloupes accostant le flanc des navires leur jetaient des légions d'hommes d'armes ; les fanfares belliqueuses éclataient sur tous les ponts ; les cloches de la ville répondaient aux vaisseaux; et tout ce tumulte de fête, de joie, de guerre, était dominé par le cri de *Dieu le veut!* poussé par toute cette France aventureuse qui volait vers l'inconnu, sous la garde de Dieu, et avec les ailes de la foi. Du haut de la citadelle que Louis IX avait fait bâtir, quelques vieillards suivirent des yeux la flotte sainte, favorisée du vent du septentrion ; et quand ce spectacle sublime se fut évanoui, en ne laissant que des sillons d'écume sur la mer, la ville d'Aigues-Mortes retomba dans sa solitude ; peuple et noblesse, tout était parti ; la France avait suivi le roi.

Le cri de la croisade n'avait trouvé aucune oreille sourde dans les donjons des grands vassaux ; nul parmi les barons et les chevaliers bannerets n'avait manqué à l'appel ; ne pas suivre le roi outre mer eût été félonie, et Louis IX les avait tous salués par leurs noms sur le môle d'Aigues-Mortes. L'historiographe avait gravé ces noms sur le parchemin nobiliaire. On y remarquait monseigneur de Saint-Valery, qui amenait avec lui trente chevaliers, monseigneur Florent de Varennes, le maréchal Raoul d'Estrées, Lancelot de Saint-Marc, Pierre de Moleines, Collart de Moleines, Gilles de la Tournelle, Mahy de Boie,

Gérard de Morboie, Raoul de Nesle, Amaury de Meulane, Auzout d'Offemont, Raoul de Flamant, Baudouyn de Longueval, Loys de Beaujeu, Jehan de Ville, l'évêque de Rennes, l'évêque de Langres, Guillaume de Courtenay, Guillaume de Patay, et son frère, Pierre de Sanz, Robert de Gencelin, Estienne Gransche, Marey Deloue, Gilles de Mailles, Ytier de Mongnac, le Fourrier de Verneuil, Guillaume de Fresne, le comte de Guynes, le comte de Sainct-Pol, Lembert de Limons, Girard de Campandu, Raymond Aban, Jehan Debelues, le maréchal de Champagne, Guillaume Darte, Guillaume de Flandres, Aubert de Longueval [1].

Ces nobles pèlerins avaient tous donjon et pont-levis sur la terre de France, tous avaient bannière levée, suivie de nombreux hommes d'armes ; ils aimaient les grandes chasses, les grands bois, les grands festins, les carrousels, les tournois, les passes-d'armes, la vie des fêtes, des intrigues, des cours d'amour ; et souvent la tur-

[1]. Comme on le pense bien, nous n'avons pas eu la prétention d'énumérer ici tous les chevaliers qui suivirent. Ceux que nous citons sont mentionnés au début du livre de Joinville.

bulence de quelques-uns donnait des déplaisirs mortels au roi justicier de Vincennes. Faute de mieux, ces seigneurs se faisaient entre eux une guerre acharnée. Mais l'oriflamme de Saint-Denis passant devant les manoirs comme un météore, tous les ponts-levis s'étaient abattus, et on suivait ce guide aérien, cette autre flamme de Moïse qui conduisait aux champs promis le nouveau peuple de Dieu.

Le roi était à bord du navire *Via dolorosa* [1], commandé par l'amiral Florent de Varennes. Louis était alors dans tout l'éclat de sa forte jeunesse : au milieu de tant de vaillants hommes de guerre, on devinait aisément le roi avant de le connaître ; il était vêtu d'une armure d'or damasquinée, dont l'épaulière gauche avait été emportée par un coup de lance anglaise au combat de Taillebourg ; sa noble figure se contractait sous la double et intermittente expression du mysticisme fervent et de l'audace guerrière, et son front, d'où tombaient des boucles massives

---

[1]. Nous avons trouvé ce nom dans les archives vaticanes ; plus tard, nous aidant de documents français, nous verrons Louis IX sur un autre vaisseau.

de cheveux, semblait déjà rayonner d'une auréole céleste qu'il devait ceindre après sa mort. Couvert de ses armes étincelantes, debout sur la proue du navire, comme le héros troyen devant le rivage du Latium, et dépassant, comme dit Joinville, de la tête tous ceux qui l'environnaient, Louis montrait du bout de son épée, à la France voyageuse, le soleil levant, comme la boussole de Dieu qui indiquait au pilote les régions de l'aurore et la tombe de Jésus-Christ.

Sous une tente de toile grossière accrochée au mât, deux femmes étaient assises, et achevaient la dernière dizaine du rosaire. Le costume de pèlerine ne cachait à personne leur haute condition, c'étaient la reine Marguerite et la duchesse d'Anjou [1]. Auprès d'elles priaient d'autres femmes, agenouillées sur la laine destinée aux quenouilles. Les plus jeunes et les plus belles portaient aussi des noms illustres; Henriette de Sainct-Pol et Hélène de Longueval. Les seigneurs

---

[1]. Quelques chroniques, notamment celle de Joinville, disent que Marguerite accompagna son royal époux par haine de la reine régente. Nous n'avons pas à examiner jusqu'à quel point de pareilles assertions méritent l'attention des écrivains.

qui se tenaient debout, devant le roi, au moment du départ, à la proue de *Via dolorosa,* étaient le sire de Joinville; Baudoin de Reims; le comte de Jaffa, de l'illustre maison de Brienne; le comte de la Marche, le connétable; Raoul d'Estrées; Florent de Varennes et Lancelot de Saint-Marc. Une foule de chevaliers bannerets garnissaient le pont du navire royal, et faisaient flotter sur le champ de leurs guidons les premiers symboles héraldiques de la chrétienté. Bientôt une immense acclamation, partie des deux horizons maritimes, salua le derner point brumeux de la terre de France; ce fut le suprême adieu des pèlerins; tous les regards se tournèrent vers l'Orient : la France n'était plus que sur la mer.

A cette époque de son histoire, la France avait déjà plus vécu qu'aucune grande nation antique; elle était donc arrivée à cet âge où le marasme saisit les nations, où le pays le plus fort se décompose, où Athènes et Rome s'éteignent comme deux phares abandonnés sur deux écueils. Eh bien! si aujourd'hui, six siècles après Louis IX, la France rayonne encore de cette vitalité merveilleuse qui semble défier les orages de l'avenir;

si la France est encore à quatorze cents ans la plus jeune des nations du globe, c'est aux sublimes folies des croisades qu'elle le doit évidemment. Roi, peuple et noblesse, tout alla en Orient, et tous retrempèrent leurs corps dans l'atmosphère fortifiante de la mer, et leurs âmes dans les sources vives de la foi. Cette France féodale que tant de divisions intestines, tant de querelles de donjons, tant de rébellions sourdes avaient minée dans ses vieux fondements, secoue tout à coup son marasme, comme l'agonisant qui a foi dans sa force, et se lève sur sa couche pour tuer la mort : elle courut se guérir de sa fièvre dissolvante au berceau du monde, dans les climats du soleil, sur les domaines de Dieu, et dans ce voyage de résurrection elle infusa dans ses veines tant de sang, elle aspira tant de rayons, de parfums, d'enthousiasme, qu'à son retour de Palestine, en repassant devant Athènes et Rome, elle put leur crier :

— Après quatorze siècles, moi, je n'aurai pas une ruine à mes pieds, pas une ride à mon front, parce que mon Jupiter était Dieu ; mon Olympe, le ciel ; ma Fable, la vérité !

La flotte française vogua vingt-huit jours, et parut devant Chypre le 21 septembre. L'évêque de Nicosie, le clergé, la population de l'île se portèrent au-devant de la France et du roi avec l'enthousiasme de ces vieux jours de la chrétienté. Le débarquement se fit au milieu d'un concours immense; l'air retentissait des clameurs joyeuses de tout un peuple, et aussitôt des fêtes splendides, mêlées de cérémonies pieuses et de plaisirs profanes, commencèrent, et se prolongèrent jusqu'au temps pascal. Le roi n'y prit aucune part; ayant décidé de passer l'hiver à Chypre, pour attendre une mer et des vents favorables, il se cloîtra dans le palais de l'évêque de Nicosie, pour méditer sur sa sainte expédition, veiller sur tant de généreux pèlerins confiés à sa garde, et attendre les bonnes inspirations d'en haut, à l'ombre de la solitude et du recueillement.

Pendant cet hivernage, un navire, venu du Péloponèse, jeta l'ancre à Chypre, et les chevaliers français, accourus sur le môle, virent descendre un jeune et superbe guerrier, qui sollicita tout de suite l'honneur d'être présenté au roi de France. C'était le comte de Salisbury, un haut et puissant seigneur de l'Angleterre catholique [1]; il avait appris la croisade, et venait rejoindre les Français à Chypre, après avoir passé deux mois en Grèce, pour y attendre un vent favorable. L'entrevue du jeune seigneur anglais et du roi de France fut touchante et digne des temps antiques. Louis releva le comte qui venait de poser un genou devant lui, et dit en montrant un crucifix :

— Il n'y a ici d'autre grandeur et d'autre royauté que celle-là pour un chrétien.

Et il ajouta :

— Soyez le bienvenu, mon frère, et que louange vous soit donnée pour votre sainte ferveur !

— Sire, dit le comte, j'ai eu une grande émotion de voir que vous m'avez reconnu. Nous ne nous sommes vus qu'une fois.

1. Nous n'avons pas à entrer ici dans le détail des querelles du comte de Salisbury et du roi d'Angleterre. Ce n'est point de notre sujet. Nous prenons ce guerrier, auquel ses contemporains donnèrent le nom de *Longue-Épée*, au moment où il rejoint Louis IX. — Nos observations s'appliquent également à tous les chevaliers étrangers qui combattirent avec la France dans cette expédition.

— Oui, reprit le roi, c'était à Taillebourg ; mon épée emporta votre visière, et je vis la figure d'un rude batailleur. Béni soit Dieu qui amène à Chypre un si vaillant croisé, aujourd'hui notre ami !

— J'ai fait un vœu, sire, dit le comte ; si les miens et ceux qui me sont chers rentrent en Angleterre, ils feront bâtir, avec l'or de mon épargne, une église dont le clocher semblera monter jusqu'au ciel. Ce clocher sera le symbole matériel de la pensée chrétienne de son fondateur [1].

— Mon frère, dit le roi, ce vœu est fort beau, et il vous en sera gardé bon souvenir par celui qui n'oublie rien.

— Sire, ajouta le comte, je suis indigne d'entrer dans vos conseils, mais je suis si impatient de voir les Sarrasins de près, que vous daignerez peut-être me confier le jour choisi pour le départ.

— Vienne le jour de l'Ascension de Notre-Seigneur, dit le roi, et la flotte voguera vers Alexandrie. De nouveaux croisés m'arrivent de

1. Le clocher de l'église de Salisbury est un des monuments les plus élevés du globe.

toutes parts ; de nouveaux navires de transport s'achèvent ou se ravitaillent dans les chantiers de Chypre ; il faut attendre les longs jours et les mers calmes ; ainsi, croyez-le bien, la Pentecôte ne nous trouvera pas à Chypre, comte de Salisbury.

Le jeune croisé anglais sortit très-joyeux de cet entretien, et courut annoncer les bonnes paroles du roi à ceux de sa suite, qui campaient sous de riches tentes dressées au bord de la mer. Avec ses serviteurs et ses chevaliers, le comte avait amené d'Achaïe trois familles grecques, déjà rangées sous l'étendard de la croix ; les femmes accompagnaient leurs pères, leurs frères, leurs maris, et portaient, comme les hommes, le signe de la croisade à la manche de leur robe de lin.

Agelastos, riche commerçant de Damiette, serra avec effusion les mains du comte de Salisbury, en apprenant le prochain départ de la flotte, et embrassa tendrement sa fille : c'était une jeune Grecque, nommée Rhodonia, belle et suave comme la fleur rhodienne dont elle portait le nom. Elle était de la race de ces vierges ioniennes que le ciseau des sculpteurs grecs éleva au rang de déesses, et plaça sur des piédestaux.

— Ma fille, lui dit Agelastos, il faut commencer aujourd'hui une neuvaine à l'autel de la sainte Vierge, et prier pour tes frères et moi ! Le ciel secondera la vaillance de tant de chrétiens réunis pour une si noble cause. Nous rentrerons à Damiette, qui va devenir une ville française, et tu n'y retrouveras plus les dangers qui nous ont fait abandonner cette ville, où tu n'avais aucune protection contre un maître impie. Le soudan et son digne allié, le jeune More Fak-Reddin, disparaîtront devant l'oriflamme, comme les démons devant le signe de la croix.

Rhodonia fut saisie d'un frisson convulsif à ces paroles de son père, comme on tressaille au brusque souvenir d'un songe effrayant, depuis longtemps oublié.

Le comte de Salisbury regardait cette scène avec un attendrissement profond lorsqu'une clameur immense s'éleva du port, et courut sur le pont de tous les navires. La foule qui couvrait les quais s'ouvrit soudainement, comme une vaste voile déchirée par le vent du nord, et on vit le sire de Joinville, marchant tête nue, et demandant un libre passage pour une femme vêtue de haillons, et descendue au milieu des acclamations populaires d'un navire byzantin très-avarié par la mer. Le comte de Salisbury fit par signes une question au sire de Joinville, qui, se penchant vers l'oreille du comte, ne prononça qu'un nom... A ce nom, le jeune Anglais s'inclina de respect devant la pauvre femme, et mettant la main sur la garde de son épée, il dit :

— Allons prendre les ordres du roi!

II

CHYPRE

Cette femme, dont l'extérieur annonçait une condition infime et une grande indigence, était l'impératrice Marie ; elle venait de Byzance, pour réclamer la protection française au nom de l'empereur Baudoin II. A ce cri de détresse, Guillaume des Barres, le plus vaillant et le plus chevaleresque des guerriers de la croisade, un véritable Ajax chrétien, tira du fourreau sa longue épée, si redoutée des Sarrasins, et dit avec feu :

— C'est la France chrétienne qui a fondé le trône de Baudoin en Orient ; c'est la France qui doit le soutenir contre les infidèles!

La foule applaudissait Guillaume, et toutes les épées nues s'agitaient autour de l'impératrice, cette auguste mendiante qui venait héroïquement demander protection au roi de France à travers tant de périls.

Le sire de Joinville conduisit l'impératrice au palais, et lui ayant fait remettre *drap et cendal pour fourrer sa robe,* comme il le dit lui-même, il la présenta, le jour même, au roi, qui la reçut comme une sœur, et s'entretint longtemps avec elle des périls qui menaçaient la chrétienté en Orient. Le poëte Torquato Tasso a célébré en beaux vers l'enthousiasme qui éclata parmi les chevaliers français, lorsque Armide vint au camp demander leur protection ; la fable épique devint sous Louis IX une vérité d'histoire ; mais l'enchanteresse, cette fois, était une jeune et belle chrétienne, qui, ceinte du cilice et couverte de haillons, excita tous les nobles instincts de la chevalerie, au milieu de cette ile de Chypre, qui peut-être allait devenir la Capoue de tant de chrétiens.

Cette ardeur unanime fut bientôt satisfaite, à l'annonce du prochain départ, résolu dans les conseils du roi. Les vaisseaux impatients reçurent ordre de se tenir prêts à mettre à la voile au premier signal.

Quelques jours avant la Pentecôte, le roi monta à bord d'un nouveau vaisseau amiral qui se nommait *la Monnaie*. Il avait auprès de lui Guillaume de Salisbury, dit *Longue-Épée*, qui commandait deux cents chevaliers d'Angleterre; Guillaume de Villehardouin, prince d'Achaïe; Thibault de Montléard, grand maître des arbalétriers de France; le sire de Joinville; Baudoin de Reims et un moine de Palestine, vieillard auguste, qui avait quitté son couvent pour venir saluer le roi de France. Ce vieillard portait un nom illustre dans les guerres de Philippe-Auguste et de Saladin. Il le dissimulait sous la bure du cloître. Le roi, plein de respect pour son âge et son expérience, l'avait admis dans ses conseils intimes. Louis nomma Pierre de Montfort porte-étendard, et lui confia l'oriflamme, après avoir reçu son serment, selon la vieille loi.

La flotte partit un vendredi. *Toute la mer*, dit Joinville, *tant qu'on pouvait voir à l'œil, était couverte de voiles de vaisseaux qui furent nom-*

brés à dix-huit cents, tant grands que petits. Deux chevaliers n'avaient pas répondu au dernier appel, Bourbon-l'Archambault et Guillaume des Barres, après le roi, la plus fameuse épée de ce temps. Ils étaient morts à Chypre quelques jours avant l'heure fixée pour le départ. Le roi ordonna que leurs écus, où brillaient des pièces honorables, fussent cloués à la proue de son vaisseau. Bourbon-l'Archambault portait *d'or au lion de gueules à l'orle de huit coquilles d'azur;* avec lui s'éteignit la première maison de Bourbon; Guillaume des Barres portait *d'azur au chevron d'or, accompagné de trois coquilles de même;* deux des plus nobles blasons, deux héroïques histoires résumées en quelques signes, et que l'île de Chypre a gardées longtemps sur deux tombeaux français.

Les vaisseaux voguaient vers l'Égypte, et le débarquement devait s'opérer à Alexandrie; mais une tempête poussa la flotte vers la bouche Phatmétique du Nil. Bientôt le pilote du premier vaisseau s'écria : *Que Dieu nous aide! que Dieu nous aide! Nous voici devant Damiette!* Ce cri est partout entendu; il est répété de navire en navire, et les chefs de l'armée s'élançant aussitôt dans les chaloupes se rendent à bord du vaisseau amiral pour prendre les ordres du roi.

Louis, debout et l'épée à la main, entre la reine Marguerite et l'impératrice Marie, reçut ses lieutenants, et leur dit :

— Remerciez Dieu de vous avoir amenés en présence des ennemis de Jésus-Christ !

Une voix ayant fait entendre ces mots :

— Sire, n'exposez pas vos jours si précieux dans cette terrible guerre !

Le roi répondit :

— Ne parlez point ainsi; c'est à moi de donner l'exemple à tous. Gardez-vous de croire que le salut de l'Église et de l'État réside en ma personne. Vous êtes vous-mêmes l'État et l'Église, et vous ne devez voir en moi qu'un homme ordinaire, qu'un homme dont la vie peut se dissiper comme une ombre, si cela est la volonté de Dieu, pour qui nous combattons.

Le comte de Bourgogne prit la parole et dit :

— Sire, la tempête a dispersé nos vaisseaux; ne serait-il pas prudent d'attendre que toute la flotte soit ralliée pour descendre chez les infidèles?

Loys de Beaujeu et Amaury de Meulane soutinrent énergiquement cette proposition, qui fut combattue en ces termes par le roi :

— Nous ne sommes pas venus jusqu'ici pour entendre de trop près les menaces de nos ennemis. Les voyez-vous ? Ils sont là, déjà rassemblés sur la plage, et ils insultent la France par leurs gestes et leurs cris ! Une seconde tempête peut nous affaiblir encore, ne l'attendons pas. Aujourd'hui Dieu nous montre la victoire ; plus tard il nous punira si nous la laissons échapper aujourd'hui.

Et le roi, se retournant vers le porte-étendard, lui dit :

— Pierre de Montfort, prenez l'oriflamme et attachez-la au bec de la première barque ; toute la France suivra son étendard demain, à la pointe du jour.

Le soudan qui commandait à Damiette comme au Caire était Malek-Saleh-Nag-Maddin, fils de Malek-Kamel, célèbre par la victoire qu'il remporta à Mansourah sur l'armée de Jean de Brienne. Au moment où les Français apprêtaient leur débarquement, le prince musulman était à l'agonie, et les infidèles, ne le voyant pas paraître, formèrent tout de suite le complot de l'assassiner, et de se nommer un chef jeune et vaillant. Les plus hardis des conjurés pénétrèrent jusqu'au lit de Malek-Saleh-Nag-Maddin, et, le trouvant dans un état de pâleur et de faiblesse mortelles, ils furent profondément émus, cachèrent leurs armes d'assassins, et tombèrent à genoux devant leur maître agonisant.

Un chef jeune et brave ne tarda pas de se montrer pour commander les infidèles : c'était Abd-el-Fak-Reddin, qui appartenait aux races puissantes du désert.

Ce prince musulman excita l'enthousiasme de son armée, lorsqu'il parut devant elle. Sa valeur éprouvée dans cent combats, son mâle visage, sa grâce de cavalier, et surtout son costume vraiment merveilleux, lui gagnèrent tous les cœurs. *Il portait*, dit Joinville, *des armes de fin or, si reluisant que quand le soleil y frappait, il semblait que ce fust proprement le soleil.*

De la proue du vaisseau amiral, on distinguait ainsi tous les mouvements de l'ennemi sur la plage, et les *Français*, ajoute Joinville, *trou-*

voient fort estrange et épouvantable à ouïr le tumulte des cors et nacaires. Mais, dit un autre historien, *ils se complaisaient fort à voir la riche armure de Fak-Reddin, qui volait sur le rivage comme un soleil à cheval.*

Le paysage donnait aussi de grandes surprises aux chrétiens venus des ports d'Italie, d'Espagne et d'Aigues-Mortes; quelques pèlerins venus du cloître Saint-Trophime d'Arles affirmaient que ce pays ressemblait beaucoup aux terres basses qui forment l'embouchure du Rhône, ce qui était vrai. On admirait surtout la jeune et brillante ville de Damiette, qui semblait sortir de l'eau, avec une couronne de minarets de granit rose, de dômes d'azur et de croissants d'or.

Au coucher du soleil, les religieux, partis du couvent de Lorette pour aller fonder en Syrie le monastère du Carmel, entonnèrent, à bord du vaisseau amiral, cette hymne admirable qui semble avoir été créée pour la mer et les marins :

Ave, maris Stella,
Dei Mater alma,
Atque semper Virgo,
Felix cœli Porta.

Ausitôt, toute l'armée, depuis le roi jusqu'au dernier matelot, entonna l'hymne des mariniers, qui s'éteignit sur l'horizon avec le dernier rayon du jour. Le roi ne donna que deux heures au sommeil ; il s'entretint jusqu'à l'aube avec ses frères, la reine Marguerite et la princesse Henriette d'Anjou ; il agissait comme un père en danger de mort, qui dicte avec calme ses suprêmes volontés à sa famille. Lorsque les dernières étoiles pâlirent à l'ouest, la messe fut dite par le cardinal légat sur le vaisseau *la Monnaie* au milieu d'un profond recueillement dont le roi donna l'exemple. Soldats, marins et chefs, tout le monde était prêt pour donner son sang à la grande journée qu'allait éclairer le soleil d'Orient.

Louis, non par orgueil, mais par noblesse guerrière, se revêtit de sa plus riche armure, pour montrer de plus loin le roi de France à ses amis et à ses ennemis. Rien n'était beau à voir comme sa cotte d'armes d'or, taillée en dalmatique, et descendant jusqu'aux genoux ; le heaume qui couvrait sa tête était cerné d'une fine couronne d'or, faite de petites croix *potencées*. Ses *chausses* de fer étaient tissues de mailles doubles, ayant la couleur de l'argent brut ; son cheval, tout prêt aussi à la bataille, avait un caparaçon de cuir et de mailles de fer, pourpointé avec des lames et des plaques de même métal.

La reine Marguerite s'avança et agrafa l'épée à la ceinture du roi. L'impératrice Marie arma le sire de Joinville qui, le premier, l'avait saluée à Chypre ; la princesse Henriette d'Anjou arma le comte de Jaffa ; Henriette de Sainct-Pol, Hélène de Longueval, les autres dames de la cour armèrent les chevaliers du vaisseau royal. Le cardinal légat donna sa bénédiction au roi, aux princes et à l'armée ; des fanfares de cuivre éclatèrent partout comme la voix de la France, pour annoncer le signal du débarquement parti du vaisseau du roi. Le soleil, cet éternel témoin des grandes choses, se levait sur la vieille Égypte, pour lire encore une de ces pages orientales comme en écrivirent, sur ses domaines, Sésostris, Alexandre et Jules César.

Le roi descendit le premier sur le radeau de débarquement, remorqué par la chaloupe où flottait le *cendal* écarlate de l'oriflamme ; il se dirigeait vers la pointe droite avec ses frères, le cardinal légat, Thibault de Montléard, grand maître des arbalétriers, le comte de la Marche et l'élite des chevaliers bannerets de France.

La pointe gauche était commandée par le comte de Jaffa, de la maison de Brienne. Il entraînait avec lui les chevaliers de Chypre et de Palestine, et, près de lui, marchaient les Anglais du comte de Salisbury.

Une forte brise qui se leva jeta quelque désordre dans le plan de descente, mais les plus braves étaient toujours en avant. On les reconnaissait de loin à leurs bannières hautement déployées. C'étaient les maisons de Bourgogne, qui portait de *gueules à un aigle d'argent;* Joinville, qui portait d'*azur à trois broyes d'or;* Anjou, qui portait de *gueule à une escarboucle pommetée d'or;* Bretagne, avec ses *hermines;* Brienne, avec son *lion superbe;* Luxembourg, qui portait d'*argent au lion de gueules.* Rien n'était merveilleux aux yeux et au cœur, comme ce nuage de bannières carrées, de *pennons,* de *guidons,* de *fanons,* tous chargés des splendides hiéroglyphes de la noblesse française, et poussés par le

2.

vent sur la terre d'Égypte, avec le *labarum* de
Constantin, ce premier signe héraldique des
chrétiens.

C'était un spectacle immense, et l'homme ne
verra jamais rien de pareil ; l'embouchure de cet
auguste fleuve qui est une mer, disparaissant
tout entière sous quinze cents navires ; une armée
couverte d'armures d'or, d'argent et de fer, et de
cimiers de toutes couleurs ; une forêt de lances
et de banderoles scellées du signe rouge de la
croix ; et dans toute cette armée, faite de vingt
nations, une seule pensée, une seule âme, une
seule foi ; princes, barons, chevaliers, soldats,
pèlerins, ouvriers, artisans, laboureurs, tous
ayant le même cri aux lèvres, le même vœu au
cœur ; d'un côté le jeune croissant qui se lève ;
de l'autre le signe du Christ, déjà vieux de douze
siècles, face à face, le faux prophète de Médine,
et l'Homme-Dieu de Nazareth, sur ce fleuve du
Nil qui a vu tomber ses temples, périr ses dieux,
devant cette Égypte dont il ne reste que la poussière, le désert, le néant.

Un cri semblable au mugissement du kamsin
s'éleva autour de Damiette. Fak-Reddin entraî-

nait, vers la pointe gauche, la tribu arabe des Benou-Kenaneh, la plus redoutable tribu de l'Orient. Les éperons français venaient de retentir sur le rivage, et le comte de Reims et le sire de Joinville arboraient l'oriflamme à un palmier.

En ce moment, la reine, les princesses et les femmes qui avaient suivi l'armée s'agenouillèrent sur le pont des navires, et prièrent pour la France et pour le roi.

Jamais prières ferventes ne montèrent à Dieu dans un lieu plus saint et un moment plus solennel. Du pont des navires on apercevait dans un lointain lumineux les horizons de la Syrie, l'auréole du Thabor, les déserts où passa Moïse, les champs de bataille de Josué, et les plages où s'embarquèrent les apôtres Paul et Pierre, lorsqu'ils allaient à Rome et à Corinthe prêcher la foi de Jésus-Christ. Le Nil, ce fleuve mystérieux dont l'inondation est une fécondité; le Nil, qui a tout vu, était encore le témoin de cette scène merveilleuse. Ce fleuve roule, depuis quatre mille ans, une histoire immense dans ses ondes; sous les premières dynasties l'Égypte était une longue ville, faite de mille cités opulentes, dont le

Nil était le ruisseau. Son lit majestueux reflétait, depuis Éléphantine jusqu'à la mer, une succession infinie d'obélisques, de temples, de pylônes, de pyramides, de colosses, de sphinx, tous taillés dans le granit de la chaîne Libyque, épuisée par vingt générations d'architectes et de sculpteurs. Le Nil a vu naître, dans sa presqu'île de Méroé, la secte des Gymnosophistes, la religion du soleil, la sagesse des mages, les mystères d'Isis, les sciences des astronomes, la foi dans l'immortalité. Le Nil a porté Moïse à la fille de Pharaon, Alexandre au temple de Jupiter, Antoine à Cléopâtre ; c'est-à-dire qu'il a baptisé, à leur aurore, les trois plus puissantes civilisations de l'univers ; celle qui annonçait le vrai Dieu au monde ; celle qui ouvrait le premier sillon de l'Occident vers les rivages de l'Inde ; celle qui fondait l'empire des Antonins, de Jules II et de Léon X. Le Nil a baigné les pieds des premiers pèlerins de la Palestine, et des soldats de Tancrède et de Godefroid, avec les mêmes ondes qui, depuis quarante siècles, rongent les orteils des deux colosses de Memnon. Aujourd'hui, c'est-à-dire à l'époque de cette histoire, ce fleuve voit passer Louis IX et la France chrétienne ; il sera encore le témoin d'une bataille acharnée, lui qui a roulé tant de cadavres depuis Cambyse, et sa déstinée n'est pas à sa fin : il verra bien d'autres merveilles que l'avenir garde dans ses arcanes ; tout ce qui se fera de grand sur ce monde doit être inauguré aux bords du Nil, fleuve dont les sources sont inconnues, comme ces prophéties orientales qui promettent à l'Occident chrétien, les royaumes de Moïse, du Christ et du soleil.

BATAILLE DE DAMIETTE

On eût dit que tout l'Orient en armes était accouru aux embouchures du Nil pour repousser l'Occident : c'est que, depuis trois mois, le cri de guerre avait été poussé de Damiette à Ptolémaïs, d'Alexandrie à Éléphantine. Le fanatisme musulman avait réveillé toutes les tribus belliqueuses endormies sur les deux rives du Nil, dans les cryptes de la chaîne Libyque, dans les ruines de Thèbes de Tentyris, d'Achmounain, d'Arsinoé, d'Ipsamboul, dans les pyramides de la presqu'île de Méroé, berceau de Gymnosophistes, dans l'oasis d'Ammon, silencieuse depuis Scander le

Grand, dans les gorges funèbres de Pédra, la ville sans histoire, et jusque sur les grands chemins de palmiers et de sable qui conduisent, par les détroits d'Ormus et de Suez, aux frontières des domaines indiens. Ces guerriers du désert avaient pris leur vol comme des nuées d'oiseaux de proie ; les uns, montés sur des chevaux sans mors, comme les Numides de Syphax ; les autres, en caravanes, comme les tribus nomades des premiers jours du monde, ou s'abandonnant au cours du Nil, de cataracte en cataracte, depuis Syène jusqu'à l'oasis de Syouah : étrange et formidable armée composée de toutes les teintes du tropique, soldats aux visages de cuivre ou d'ébène, nus ou vêtus d'un lambeau de laine, sphinx vivants, couronnés des bandelettes d'Isis, centaures échappés à la colère des Lapithes, races d'hippogriffes envolées des cavernes du Mokattan, monstres produits par les mystérieux hyménées des amours abyssins, tous nés pour la destruction, nés pour incendier les villes et ravager les tombes ; tigres et hyènes selon l'occasion, ayant besoin de tous les assouvissements de leurs appétits pour satisfaire les exigences d'un sang brûlé par le sable, le kamsin et le soleil ; tous arrivant à la bataille comme à une fête, avec des hurlements de bêtes fauves, avec des cris stridents, des sifflements de reptiles, des râles aigus, comme si tous les monstres de Barca sortaient de leurs solitudes pour envahir le domaine de l'homme et faire pleuvoir sur la terre un déluge plus horrible que le premier, un déluge de sang!

Aujourd'hui, avec vos nouvelles ressources de guerre, deux cent mille hommes fauves, réunis sur une plage basse comme celle de Damiette, seraient très-peu redoutables pour un débarquement. Deux frégates s'embosseraient contre la pointe droite et la pointe gauche et verseraient la mitraille avec une prodigalité si soutenue, qu'il ne resterait sur la rive que du sable et du sang. Mais en 1249, le courage n'avait pas le canon pour auxiliaire. Dans une affaire si formidable, il fallait que chacun fît son devoir, payât de sa personne et se prît corps à corps avec ces monstres abyssins ; il fallait être, comme Louis IX et ses compagnons, deux fois Français et chrétiens.

Après Joinville et Baudoin de Reims, le roi s'élança sur la plage, ne voulant plus permettre à un troisième de le devancer.

En voyant le roi tomber à cheval sur les infidèles, comme l'archange d'Héliodore, les plus braves n'attendirent plus leur tour de débarquement ; sur toute la ligne du fleuve, les cavaliers se jetèrent à la nage et engagèrent la bataille avec une furie digne des âges épiques fabuleux. Le maréchal Raoul d'Estrées, Amaury de Meulane, Pierre de Sanz, jetèrent au fleuve leurs armures de fer, trop lourdes sous le ciel d'Égypte, et, à la tête des croisés de Lorraine, ils attaquèrent la féroce tribu des Ben-Oualy, toute composée de géants habitués à lutter contre les bêtes fauves. Soit que les traditions d'Alexandre se fussent conservées, soit que les mêmes instincts de guerre produisent les mêmes formes de combat, ces Arabes, armés de longues lances en bois de sandal, s'étaient serrés en phalange macédonienne, toute hérissée de pointes de fer et inabordable comme un écueil de roche fruste au milieu de la mer. Amaury de Meulane et Pierre de Sanz, habiles à frapper de deux mains robustes et droites toutes deux, saisirent, de l'une, leur masse d'armes, de l'autre, l'épée à double tranchant, et tombèrent sur cette île d'ébène vivante, incrustée au milieu du Nil avec sa végétation de fer. Le choc des deux héros chrétiens fut si rude qu'une brèche s'ouvrit et que le flot des croisés pénétra dans cette citadelle de démons comme un torrent qui brise une écluse et inonde un champ de riz. Sur ce point, la bataille commençait par une foule de combats singuliers, de luttes de gladiateurs, car les Arabes, ainsi entamés par une attaque foudroyante, engageaient une lutte à mort avec les chrétiens, et sans perdre un pouce de terrain, comme à la bataille d'Issus, où, selon Quinte-Curce, les corps étaient liés aux corps, les mains aux mains, les pieds aux pieds. Formidable mêlée d'extermination qui aurait interdit la fuite au plus lâche, car tous les combattants étaient emprisonnés dans un cercle de fer que pouvait briser seule la victoire ou la mort !

Le comte de la Marche s'élançait, en ce moment, du fleuve sur la rive avec l'élite des chevaliers bretons. Toute la plage parut incendiée par l'irradiation des cuirasses et des cimiers d'or, et Fak-Reddin, qui venait d'être repoussé par l'attaque du roi, de Joinville et de Baudoin de Reims, précipita sa cavalerie vers l'étendard de Bretagne, qui menaçait la tribu de Ben-Oualy. Le roi, trompé par le mouvement de Fak-Reddin, crut un instant à la fuite de son ennemi, et appelant à lui les chevaliers de Chypre et de Palestine, il se mit à poursuivre Fak-Reddin, qui ne fuyait pas.

— Sire, s'écria Joinville, Damiette est découverte, Damiette est sans défense ; courons à Damiette, elle est à nous !

— Sire de Joinville, s'écria Louis, laissons les villes et prenons les hommes !

L'armure éblouissante de Fak-Reddin se fit bientôt reconnaître au centre de la tribu de Ben-Oualy, où le héros musulman venait de se réfugier comme dans une citadelle vivante. Alors le cercle de la bataille s'agrandit démesurément et la pointe du Nil tremblait sous le poids de tant d'hommes et de chevaux, comme l'épiderme d'un volcan qui va se crevasser dans une éruption.

Un nouveau renfort arrivait aux chrétiens, c'était la troupe indomptable des *Ribauds*, presque tous enfants de Paris et presque tous ayant déjà guerroyé en Syrie ; soldats contempteurs de la discipline, indociles à l'ordre et redoutés de leurs chefs. Mais lorsque, entraînés par la furie de la bataille, ils se ruaient sur l'ennemi, à l'attaque comme à l'escalade, les barrières de fer et les créneaux de granit s'écroulaient sous leurs mains. Par une étrange singularité de leur organisation militaire, les Ribauds entraient en campagne sans armes ; leur arsenal était toujours chez l'ennemi de la France : ils se pourvoyaient chez lui et diminuaient ainsi les charges de la guerre, déjà trop onéreuses en ce temps-là. Paul Richard, simple vannier de l'île de la Seine, commandait les Ribauds à la bataille de Damiette, et quand il se jeta, du haut de son navire, dans le Nil, cinq mille des siens suivirent son exemple et nagèrent vers la pointe, comme s'il se fût agi de traverser la Seine de Saint-Germain-des-Prés à Saint-Germain-l'Auxerrois. Cette armée de joyeux tritons, fils des races chevelues, apparut soudainement sur le rivage toute ruisselante des eaux du fleuve ; et comme elle ne portait ni arbalètes, ni lances, ni épées, elle battit des mains pour saluer le roi qui courait en ce moment sur la tribu des Ben-Oualy. Louis reconnut de loin les enfants de Lutèce ; il les salua, et de la pointe de son épée il leur montra l'ennemi.

— Allons! s'écria Paul Richard! allons, mes amis, travaillez bien ; la rue Saint-Pierre-aux-Bœufs a les yeux sur vous ! N'oubliez pas votre décalogue : il est défendu d'être blessé. Les blessures n'arrivent qu'aux maladroits. Il est défendu de laisser un bras ou une jambe sur le champ de bataille ; que feriez-vous du reste? Vous savez seulement qu'il est permis de se faire tuer.

Ces hommes n'attaquèrent pas de front les tribus des Benou-Kenaneh et des Ben-Oualy, réunies en une seule. Agiles comme une meute de limiers pour franchir l'espace qui les séparait de l'ennemi, il se jetèrent sur le sable, rampèrent comme des reptiles sous le ventre des chevaux, et apparurent au centre des Arabes comme une légion sortie des entrailles de l'enfer ; ils se firent des armes avec tous les débris de fer épars sur le sable, et fauchant à coups de hache et de masse les pieds des chevaux et des hommes, ils ouvrirent partout de larges brèches aux bannières des chrétiens. La cavalerie du soudan, commandée par Iosouff-Mohammed, arriva toute fraîche pour soutenir les tribus arabes, qui chancelaient sur la presqu'île du Nil comme une forêt à demi abattue par les bûcherons, et déjà inclinée sur le courant des eaux.

Au même instant, on vit étinceler au soleil les faces de *vair* et de *gueules* de la maison de Coucy, le *lion de gueules* de Luxembourg, et le *lion de sable* de Beaujeu : c'était le comte de Jaffa qui arrivait avec ces trois gentilhommes, et mille chevaliers, de l'autre pointe déserte. Le roi, qui avait brisé quatre épées, venait de saisir une masse d'armes, et ayant reconnu le comte de Jaffa, il lui envoya l'ordre d'arrêter la cavalerie de Mohammed, et cria aux siens :

— Allons dégager le comte de la Marche !

On voyait, en effet, la bannière rouge à *trois lions d'or* de ce seigneur, agitée par l'écuyer, en signe de détresse, au-dessus de cent aigrettes ondoyantes. Emporté par son ardeur, le comte de la Marche était parvenu jusqu'à Fak-Reddin, et engageait un combat homérique avec ce redoutable musulman qu'entourait l'élite de ses tribus.

Le cheval du comte s'était abattu sur une mare

de sang, et le chrétien à pied, tenant sa large épée à deux mains épouvantait les ennemis par cette audace foudroyante qui vient du désespoir. Autour de lui, les plus braves étaient tombés couverts de blessures, le comte d'Offremont, Robert de Dreux, Guillaume de Salisbury, Henri de la Marne; le sang chrétien de la France et de l'Angleterre coulait à flots sur le terrain où résistait si vaillamment le comte de la Marche, lorsque le roi, Joinville et Beaudoin arrivèrent, la masse haute, pour tout écraser. Ici l'histoire efface la fiction, et ce qui a été grand par la fable s'évanouit devant la chose réelle. Les cavaliers musulmans s'écroulent avec leurs chevaux sous la faux de Paul Richard et des enfants de Lutèce; les Arabes des Benou-Kenaneh se jettent à leur tour sur les chevaux des chrétiens, les tuent à coups de poignard, et se font écraser par leur chute.

Le comte de la Marche tombe percé de coups et se traîne aux pieds du cardinal légat, soldat chrétien sans armes, toujours présent au plus fort de la mêlée pour donner l'absolution à ceux qui allaient mourir. L'héroïque roi, qu'un ange invisible semble protéger, renverse tout, fait voler les armures en éclats, gardant le premier rang, sur le sillon tracé dans ce défilé de fer. Des deux extrémités de la bataille, la noblesse de France accourait vers le roi avec une furie d'élan qui supprimait la résistance. La place où combattait Louis était facile à trouver : au milieu de cet océan d'hommes, on voyait les étendards du croissant se repliant devant les bannières de la croisade : le roi était là ; son souffle semblait refouler vers le Nil les hordes infidèles, par un sillon jonché de cadavres et baigné de sang.

La cavalerie de Mahommed, entraînée elle-même dans ce mouvement de retraite, fut mise en déroute par une charge impétueuse du comte de Jaffa, au moment où elle opérait sa jonction avec les bandes de Fak-Reddin. Un dernier effort, un suprême élan de la chrétienté fixa la victoire. Les bannières de la croix s'agitèrent sur toute la ligne, comme pour ordonner un coup d'épée décisif ; ni la fatigue de ce terrible combat, ni le poids des armures, ni les rayons d'un soleil torride, ni les obstacles d'un terrain labouré par la mort, rien n'arrêta la sublime ardeur des chrétiens ; ils poussèrent les ennemis sur les abîmes du grand fleuve, et le Nil fut pour les uns un chemin de fuite, et pour les autres un tombeau. L'armée chrétienne accepta cette grande victoire avec la modestie des anciens jours ; elle s'agenouilla sur le rivage, et le roi montra le ciel, comme pour dire à tous : Honneur et gloire, non pas à nous, mais à LUI !

A bord des vaisseaux, la reine Marguerite, l'impératrice Marie, les femmes de la noblesse, les femmes du peuple n'avaient pas interrompu leurs prières pendant cette longue bataille : quand elles virent que Dieu accordait la victoire aux chrétiens, elles adressèrent des actions de grâces au ciel, et attendirent avec une résignation mêlée d'inquiétude ce que Dieu leur réservait de joie ou de deuil, après les funérailles de ce jour.

Le roi donnait des ordres pour faire accomplir de pieux devoirs envers les blessés et les morts, quand le comte d'Alençon, qui venait de poursuivre une horde de fuyards, arriva tout couvert de sueur et de sang, et pria le roi de vouloir bien écouter quelques paroles.

— Rien, dit le roi, ne doit me distraire des soins du moment; il y a sur nos vaisseaux de nobles dames et de pauvres femmes qui attendent la vie ou la mort. Comptons nos pertes d'abord, et ensuite il est de mon devoir de monter moi-même sur chaque vaisseau, et d'adoucir les tourments des familles que Dieu destine aujourd'hui à pleurer.

— Sire, au nom du ciel! dit le comte d'Alençon, il s'agit peut-être du salut de l'armée, écoutez-moi...

— Comte d'Alençon, reprit le roi avec bonté, je trahirais Dieu si je doutais de la protection qu'il nous accorde dans un pareil jour. Il n'y a plus de périls à craindre ; il n'y a que des devoirs à remplir. *Sepelire mortuos*, est un des préceptes du livre saint; *secourir ceux qui souffrent*, est encore une obligation. Venez avec moi, comte, et aidez-moi.

Le comte s'inclina et se mit à la suite de Louis, qui ensevelissait les morts, pansait les blessures et donnait des éloges et des récompenses aux vaillants.

— Voilà, dit Joinville au roi, voilà un brave

soldat qui a rendu de grands services à l'armée aujourd'hui.

C'était Paul Richard.

— Je le connais, dit le roi, et je veux le récompenser.. Voyons, Richard, que veux-tu être?

— Ce que je suis, monseigneur le roi, dit le vannier.

— Rien de plus ?

— Mais il me semble que c'est déjà beaucoup.

— C'est juste, dit le roi ; tu ne veux pas te diminuer en t'élevant... Mais tu accepteras des armes ; je veux anoblir un vannier... Tu porteras d'*azur à la coquille d'or en abîme*. Ce sera un souvenir de Damiette pour tes enfants.

Paul Richard se jeta aux genoux du roi et les baigna de larmes.

Au même instant, le comte d'Alençon, qui venait de donner à la dérobée un coup d'œil sur la ville de Damiette, dit au roi avec une vivacité fébrile :

— Sire, me confiez-vous mille cavaliers pour une expédition ?

— Comte d'Alençon, dit le roi, rien ne peut tromper les yeux d'un bon père de famille qui veille sur ses enfants. Ainsi, croyez bien que je sais déjà ce que vous voulez m'apprendre... Achevons notre œuvre, et laissons faire la volonté de Dieu de ce côté...

Et le roi montrait Damiette au comte d'Alençon

Le champ de bataille tremblait encore après la victoire ; on voyait que la France venait de passer sur ce chemin. La grande pointe qui s'allongeait sur le Nil était jonchée de cadavres, d'armures brisées et de chevaux ; le sang ruisselait aux berges du fleuve, et changeait la couleur jaunâtre de ses ondes. On apercevait, dans un lointain brumeux, deux sillons noirs tracés par les fuyards : l'un traversait une branche du Nil, l'autre semblait vouloir gagner Damiette. Un escadron français s'était jeté à la poursuite des cavaliers arabes; mais un ordre du roi avait arrêté cet élan trop aventureux et qui paraissait très-légitime, car la victoire était incomplète, disait-on, si Abd-el-Fak-Reddin ne tombait pas aux mains des chrétiens. Les anciens croisés, qui avaient l'expérience de ces guerres, soutenaient que Fak-Reddin, par l'influence magique de son nom, de sa naissance, de son courage, allait réveiller d'autres tribus, réunir les débris de son armée, et couper aux chrétiens le chemin du Caire ou de la Syrie, en choisissant les avantages du terrain, où une seconde bataille serait inévitablement acceptée. Beaucoup, parmi les chétiens, soutenaient que Fak-Reddin avait succombé au milieu de sa tribu, et qu'il serait facile de le trouver parmi les morts, à cause de la richesse de son armure. Excités par l'espoir de faire une découverte si précieuse, les soldats les plus déterminés à braver de nouvelles fatigues, après les durs labeurs de ce jour, fouillèrent le champ de bataille pour y trouver ce brillant guerrier que Joinville a comparé au soleil ; mais ils ne trouvèrent ni la cuirasse ni le bouclier d'or de Fak-Reddin. Quelques-uns se consolèrent en pensant qu'il avait péri dans le fleuve, et que son cadavre roulait vers la mer avec les corps de bien d'autres cavaliers de sa tribu. Tant était profond déjà l'intérêt qu'un seul homme venait de faire naître dans le camp des chrétiens !

IV

L'INCENDIE

Le comte d'Alençon suivait le roi de loin, et, tout en admirant cette pieuse sollicitude qui absorbait en ce moment les pensées de Louis, il ne cessait de regarder du côté de Damiette avec plus d'attention encore, car la poussière soulevée par la bataille était toute retombée dans le Nil, et l'horizon éclairci permettait de voir des gerbes de fumée noire autour des dômes de la ville.

— Paul Richard, dit le comte au *condottiere* français, il paraît que tu as l'honneur d'être fort connu du roi?

— Moi, monseigneur, dit Paul avec fierté,

certes, je le crois bien ! Nous nous connaissons depuis longtemps.

— Et tu lui es très-dévoué ?

— Par les cinq plaies du Christ ! je lui suis dévoué à tel point que la veille de la Pentecôte nous avons pris à un mécréant un tonneau de vin de Chypre pour le boire à la santé du roi.

— Voilà une belle œuvre ! dit le comte en ne pouvant retenir un éclat de rire.

— Et puis, monseigneur, ajouta Paul, le roi m'a rendu un fameux service... J'ai dans mon île en Seine un assez beau carré de légumes, qui, bon an mal an, me rapporte pas mal de monnaie. Voilà qu'un jour le sire de Montargis fait une descente chez moi et ravage mes légumes pour amuser ses chiens. Je lui criai : « Sire de Montargis, ce n'est pas chrétien ce que vous faites là ! Votre mère a oublié de vous faire baptiser ! Voulez-vous me payer les dégâts de mon jardin ?... » C'était comme si j'eusse chanté le *miserere* aux garamaudes de Notre-Dame. Il disparut lui et ses chiens, riant et aboyant... Moi, je regarde Louis IX comme une forte tête de roi, parce qu'il a aboli les petits justiciers et les gens de basoche... Je courus donc à Vincennes porter ma plainte au roi... Ah! ce fut bientôt fait, parce qu'aucun huissier ni procureur ne s'en mêla. Le lendemain tous mes légumes étaient payés par les beaux écus du sire de Montargis.

— Tu ne m'apprends là rien de nouveau, dit le comte d'Alençon ; mais je voudrais savoir si, avec ton dévouement, tu t'es soumis à toutes les rigueurs de la discipline de l'armée, si...

— Oh! non certes pas! interrompit Richard vivement ; si j'étais seul, je me soumettrais à tout ce que commande le roi Louis ; mais je dois respecter la liberté et les prérogatives de mes compagnons de guerre. On nous a fourni notre passage à bord des vaisseaux italiens, voilà tout. Une fois entrés en campagne, nous ne sommes plus payés ; nous n'avons rien ; il nous faut donc trouver quelque part notre solde et notre pain quotidien, si la Providence oublie de nous l'envoyer au camp.

— C'est bien! dit le comte d'Alençon, voilà ce que je voulais savoir... Et tes compagnons, où sont-ils maintenant ?

— Tenez, regardez... là-bas... voyez-vous ces grands roseaux qui ont l'air de se promener au bord du Nil ?... Mes hommes sont là.

— Et que font-ils ?

— Ils se baignent dans le fleuve, comme des crocodiles à jeun. Ils auraient dévoré les roseaux si c'étaient des cannes à sucre; mais avant le soir, j'espère bien donner à leur faim quelque chose de plus substantiel qu'un bain d'eau jaune et cuite au soleil.

— Écoute, Paul, dit le comte en baissant la voix, connais-tu la ville de Damiette ?

— Damiette ! si je la connais ! je crois bien ! je m'y suis marié deux fois ! J'y possède deux veuves, et une fiancée de la tribu blanche des Aurès ; celle-là est chrétienne et blonde ; aussi j'en parle sérieusement.

— Eh bien ! Paul, cours à tes compagnons, mets-toi à leur tête, et va porter secours à Damiette. Damiette brûle, j'en suis certain ; les mécréants y ont mis le feu en prenant la fuite... Attends... un mot encore... Souviens-toi bien que je ne t'ai donné aucun ordre... aucun, entends-tu ?... Le roi seul commande... C'est une usurpation qui t'appartient... Tu as bien compris?

— Oui, monseigneur ; je tiens votre pensée dans la main droite. Quelle bonne idée vous avez eue là ! Nous sommes des travailleurs de guerre, nous, et il nous est impossible de rester deux heures inactifs, les bras croisés, comme les chérubins de Saint-Pierre-aux-Bœufs... A Damiette! à Damiette !

Paul Richard serra sur son front un lambeau de laine grossière, dont les deux bouts retombaient à loisir sur les épaules, et vola comme un sphinx vivant à la rive du Nil où l'attendaient ses compagnons.

Au premier signe du chef, les Ribauds mirent pied à terre, s'habillèrent de la ceinture au genou, et, ramassant sur le sable les armes de toute espèce que la bataille leur avait données, ils coururent à la ville en détresse, et ne s'arrêtèrent qu'au pied de ses remparts.

Damiette avait fermé ses deux portes, celle du Nil et celle du Caire; on ne voyait au sommet des tours, et dans les intervalles des créneaux, ni défenseurs ni sentinelles; mais des cris lugubres et des hurlements de femmes annonçaient que la ville n'était pas déserte, et qu'un immense désastre s'y accomplissait par le massacre ou par l'incendie. Richard découvrit, du côté du Nil, un pan de mur que le soleil et l'humidité avaient lézardé jusqu'aux créneaux, et croyant toujours qu'avec des soldats comme les siens, la meilleure leçon était un exemple, il se servit de ses mains comme une panthère de ses griffes, et se fraya le chemin vertical de l'escalade, avec ce succès qui n'abandonne jamais les suprêmes hardiesses du soldat.

La petite armée passa par le même chemin, et s'abattit sur la ville comme une nuée d'oiseaux voyageurs. L'incendie avait déjà dévoré tout le quartier franc, et gagnait les autres points de Damiette avec une fureur que favorisait le vent, cet auxiliaire éternel du feu. Des bandes d'esclaves noirs, instruments stupides de maîtres absents, propageaient encore l'incendie et couraient, la torche à la main, comme des démons, en égorgeant à coups de poignard les habitants qui fuyaient leurs toits en flammes.

Aussitôt, la bataille finie sur le bord du fleuve recommença dans la ville, entre les soldats de

Richard et les incendiaires musulmans. Cette fois, ce fut une bataille que l'enfer semblait livrer à la terre ; on s'égorgeait sur un sol brûlant, sous un ciel doublement embrasé par le soleil et l'incendie, devant des palais, des maisons, des mosquées, des coupoles qui s'écroulaient sur les combattants, et ensevelissaient les Arabes et les chrétiens dans un tombeau de cendres. Paul Richard avait héroïquement engagé les siens dans les défilés de Damiette, avec la seule intention d'éteindre l'incendie allumé par le fanatisme, et de conserver au roi cette place forte, si importante par la position qu'elle occupait alors ; mais le fléau avait déjà trop étendu ses ravages, et tous les efforts surhumains tentés pour le vaincre furent inutiles. Un vaste quartier bâti en pierres, et séparé du foyer de l'incendie par une large esplanade, échappa seul à la destruction. Richard, repoussé par un ennemi plus terrible que l'homme, se réfugia de ce côté, avec les débris de sa vaillante troupe, pour attendre le moment favorable d'ouvrir la porte du Caire ou du Nil à l'armée du roi [1].

1. Moscou n'est pas la première ville qui ait été livrée aux flammes par le fanatisme : ainsi, Damiette aurait

L'incendie s'éteignit de lui-même, faute d'aliment, du côté du Caravansérail, et Richard se dirigea sur ce point, pour examiner seul le terrain, et prendre une détermination. Brûlé par une soif de damné, il s'approcha d'une de ces fontaines sombres, dont les eaux toujours fraîches coulent sous des voûtes de briques, et comme il plongeait ses bras à demi calcinés dans le réservoir, il entrevit une forme humaine qui cherchait un abri au fond de l'eau, ou qui l'avait trouvé depuis longtemps.

— Si cet homme est un fugitif, pensa Richard, ce n'est pas un ennemi.

Et il ajouta à haute voix, comme s'il eût parlé en langue franque à un ami :

— Tu avais pris une bonne précaution, toi, pour te garantir du feu : y a-t-il de la place pour deux ici ?

— Oui, répondit une voix dans le même idiome ; je devine à ton accent que tu es chrétien.

— Par sainte Hélène, tu ne te trompes pas, mon ami ! je suis chrétien comme le samedi saint... Et toi ?

pu faire songer à Moscou en septembre 1812. Il y avait un antécédent.

— Moi, comme le jour de Pâques.

— Eh bien ! laisse-moi boire un casque d'eau fraîche, et nous causerons après.

Quand Richard se fut désaltéré, il ajouta :

— Mon frère, voyons, montre-toi, je veux te connaître ; il y a là-bas beaucoup d'autres chrétiens qui m'attendent, et qui ont besoin de se rafraîchir, comme des charbons rouges qui auraient soif... Viens, n'aie pas peur... Donne-moi la main, et sortons de ce trou.

Le réfugié de la fontaine était un jeune homme de haute taille, nu jusqu'à la ceinture, et dont la carnation et la teinte des cheveux n'avaient rien des natures arabes. Richard, vieux soldat de Palestine, n'en parut pas étonné. Il savait que, dans les montagnes de l'Asie Mineure et de l'Afrique, on rencontre au milieu des races brunes et noires de ces régions torrides des populations blanches, aux cheveux blonds, aux yeux bleus. Ce sont les restes de ces hordes formidables qui, poussées par les migrations du Nord, s'abattirent sur Rome et Constantinople au déclin de l'empire, et soumirent toutes les provinces à la domination des barbares. Le jeune homme parla ainsi à Richard :

— Mon nom est Emmanuel Thibaut, ou du moins c'est le nom de celui qui m'a adopté, après le massacre de ma famille dans la vallée d'Ovriah, au Liban. J'y avais été amené jeune encore pour échapper à l'esclavage qui nous menaçait en Afrique. Car je suis de la race des Aurès ; nous descendons des Vandales, et mes pères ont été convertis au christianisme, dans la ville d'Hippone, par saint Augustin.

— Quant à moi, dit Richard, mon histoire sera plus courte : je ne suis rien ; mon père était moins encore, puisque je ne l'ai pas connu, et cependant il a été du bon plaisir du roi Louis de me tirer de mon néant ce matin. Maintenant nous nous connaissons, et nous voilà frères et bons amis. Voyons, chemin faisant, donne-moi quelques détails sur notre position... De qui vient l'ordre d'incendier Damiette ?

— Le soudan l'avait donné sans doute, car l'incendie a commencé après la bataille.

— Et il est parti, sans doute ?

— Oui, il était hors de Damiette avant le débarquement, maintenant il doit être bien loin sur la route de Mansourah.

— Par les portes du Saint-Sépulcre! s'écria Richard, si mes hommes n'étaient pas rôtis jusqu'aux os, je les pousserais jusqu'à Mansourah. Et le More Fak-Reddin, a-t-il reparu à Damiette? A-t-il été tué dans la bataille, comme on le dit?

— Nous n'avons pas de nouvelles de Fak-Reddin; mais j'ai vu passer les palanquins de ses femmes, et je crois bien qu'elles ont été conduites par les eunuques à l'oasis de Sioujah.

— Quel coup de lui enlever ses femmes, à ce Philistin! dit Richard en se frappant le front.

— Elles sont presque toutes chrétiennes, ajouta Thibaut.

— Ah! il lui faut des chrétiennes, à ce Sardanapale! Oh! si mes hommes n'étaient pas cuits comme ils sont, je tomberais sur l'oasis de Sioujah avant le coucher du soleil!

— Ces femmes appartiennent, comme moi, à la tribu des Aurès, dit Emmanuel en pleurant, et Dalaïka, ma fiancée, est avec elle...

— Ta maîtresse est au sérail de Fak-Reddin, mon pauvre ami! Je comprends ton désespoir. La même chose m'est arrivée à Ptolémaïs, à Jaffa, à Césarée, et ailleurs; j'ai fini par m'y habituer...

Il n'y a que le premier sérail qui coûte ; nous devons nous résigner aux mœurs de ce pays, ou nous faire tonsurer à Notre-Dame...

— Moi, interrompit Emmanuel, j'ai voulu me faire tuer pour délivrer Dalaïka...

— Et cela ne t'a pas réussi ?

— Quand on cherche la mort on ne la trouve pas, dit Emmanuel.

— Pas toujours, mon ami ; la mort est un animal capricieux ; je me suis jeté vingt fois sous ses griffes, elle m'a fait patte de velours ; c'est quand on la fuit qu'elle vous étouffe. Je la connais comme si je l'avais inventée ; et elle le sait bien, la drôlesse, que je ne la crains pas.

— Richard, dit Emmanuel avec une tristesse profonde, quand j'ai voulu me faire tuer, je pouvais mourir, moi. Échappé aux fers des infidèles, j'avais encore le Nil et le feu ; mais, au moment suprême, j'ai voulu vivre, et tu vas m'approuver...

— Voyons tes motifs, Emmanuel.

— Mes motifs sont nobles ; écoute... Ce matin, avant l'aube, j'étais caché dans de hautes touffes d'herbes, au bord du Nil. Une barque s'est arrêtée devant la porte de Damiette, et les six hommes qui la montaient ayant mis pied à terre, je les ai reconnus à leurs costumes blancs, à leurs visages, à leurs paroles, pour être de ceux que nous nommons les Ismaïlites.

— Qu'est-ce que les Ismaïlites, frère Emmanuel ?

— Ce sont des hommes de la secte des assassins fondée par celui que le monde entier connaît sous le nom de Cheik-Zabel. Ils obéissent aveuglément à leur chef. On dit que maintenant ce chef est le féroce Roggen-Eddin.

— Oui, dit Richard, j'avais bien entendu parler du Vieux de la Montagne et de...

— Laisse-moi achever, interrompit Emmanuel. Roggen-Eddin continue le Vieux de la Montagne dont tu as entendu parler... Car, en ce pays, tout ce qui a commencé ne finit pas. On s'obstine dans les traditions de mort et de sang... Juge de ma surprise, lorsqu'en entendant parler ces six Ismaïlites dans une langue que j'ai apprise au milieu des tribus du désert, j'ai découvert qu'ils venaient assassiner le roi Louis ! Leur plan est terrible et bien conçu : ils se rendent au camp des chrétiens comme des suppliants et des sujets soumis, et, à la première occasion favorable, ils poignarderont le roi.

— Nous serons là, dit Richard.

— En faisant cette affreuse découverte, poursuivit Emmanuel Thibaut, j'ai tout oublié, tout, même le besoin de mourir, et ma vie m'a semblé une chose précieuse que je devais garder, puisqu'elle était liée à celle du roi... Maintenant, m'approuves-tu, Richard?

— Frère Emmanuel, il faut s'expliquer pour se comprendre; je t'ai compris. Tu es un digne chrétien, et je voudrais bien avoir, comme toi, par cette action, gagné ma part de paradis. Le jour de ta mort, saint Pierre n'aura pas oublié les clefs. Tu entreras chez les bienheureux sans te roussir un cheveu au purgatoire. En attendant, je te présenterai au roi avant la nuit.

Richard serra énergiquement les mains d'Emmanuel, sans ajouter une parole. Ils venaient de rejoindre les Ribauds, qui étaient dans une vive inquiétude.

— Mes enfants, leur dit le chef, nous allons nous ouvrir une porte de Damiette, et rentrer chez nous. Là où est le roi, là est la France : partons.

Emmanuel et Richard marchaient en avant et à l'écart du reste de la troupe. Ils s'entretinrent longtemps encore, à voix basse, de la terrible secte des Assassins.

Cette secte musulmane se lie intimement à l'époque de la croisade, et, comme l'histoire a toujours négligé les détails les plus importants de ces expéditions merveilleuses, nous comblerons encore ici une lacune en exposant le sombre tableau de la formation et des principes de la secte des Assassins.

V

LA SECTE DES ASSASSINS

L'Égypte, dès les époques les plus reculées de 'histoire, a toujours été le berceau, l'asile et la patrie des sciences thaumaturgiques. C'est la terre du merveilleux par excellence. Les prodiges inexplicables parlent impérieusement à l'esprit des peuples orientaux, et de tout temps l'Égypte fut une école où les hommes forts de tous les pays vinrent s'initier aux secrets symboliques qui font plier toute volonté devant un miracle que l'intelligence vulgaire ne saurait comprendre et éclaircir. Dans les temps antiques, tous les historiens nous ont parlé des cérémonies mystérieuses du culte d'Isis et d'Osiris, religion épurée dont on voilait les dogmes sublimes aux esprits grossiers, auxquels on laissait pour religion une quantité innombrable de mythes et de symboles capables de servir de prétexte à toutes les superstitions. Ces grands temples, dont les ruines après les bouleversements les plus inouïs confondent encore aujourd'hui et effrayent l'imagination des voyageurs, étaient de florissantes académies où le feu sacré de la science ne s'éteignait jamais. Les prêtres, race puissante et fidèle, triée avec soin parmi les hommes les plus distingués, faisaient chaque jour des découvertes nouvelles ou agrandissaient le domaine des anciennes. Les monuments qu'ils nous ont laissés sont les témoins irrécusables de la vigoureuse grandeur de leur esprit.

Plus tard, lorsque, semblables à des nuées, s'abattirent sur l'Égypte les armées conquérantes, que tour à tour ce sol fertile tomba sous le joug des compagnons de Cambyse, d'Alexandre et de Jules César, cette noble terre sut conserver ce qui lui était propre. Elle ne fut jamais ni persane, ni grecque ni romaine. L'Égypte se réfugia dans ses sanctuaires pour conserver ses antiques instincts. Elle abandonna ses couches supérieures à toutes les civilisations, mais quiconque eût fouillé aurait trouvé dans les ténèbres et le silence les initiations qui se continuaient, et les secrets hermétiques qui se transmettaient fidèlement de génération en génération.

Par intervalles, de ces régions inférieures sortaient de puissants initiateurs, résurrectionnistes des vieux dogmes, des anciens rites, qui les faisaient subitement reparaître à la lumière. Alors la vieille Égypte tressaillait; elle suivait avec enthousiasme ces prêtres nouveaux; elle les faisait descendre dans ses tabernacles les plus reculés. Elle leur enseignait ces secrets formidables, connus des prêtres de Pharaon, qui soumettent la nature entière à des paroles et des formules magiques que le vulgaire ignorera toujours.

La conquête pacifique de la croix, la conquête sanglante d'Omar, le lieutenant du prophète de l'Islam, n'eurent pas sur l'Égypte une influence plus profonde que les conquêtes toutes militaires d'Alexandre et de César. Bien plus, au bout de quelques siècles, devenues toutes deux un pouvoir assis et constitué, elles se virent tout à coup menacées par de puissantes hérésies, qui, alliant le dogme ancien au rit nouveau, envahirent les intelligences et menacèrent d'un renversement complet les croyances orthodoxes. Les prodiges venaient toujours au secours de la parole, et les novateurs les accomplissaient d'après les procédés conservés dès les premiers âges. Les sciences occultes ont cela de bon : elles entourent leurs adeptes d'une auréole qui ne luit que dans les ténèbres; elles leur prêtent une puissance d'autant plus redoutée, que nul ne sait jusqu'où elle s'étend. Sous la domination des musulmans, plusieurs fois des loges ou sanctuaires mystérieux du Caire sortirent des hommes qui armés de la science antique et moderne, seuls, sans autre secours ni ressource que ceux fournis par les initiés dans un moment de détresse, fondèrent non-seulement des sectes, mais encore des dominations puissantes. De ce nombre fut Hassan-ben-Sabah, celui qui, le premier, porta le nom de *Vieux de la Montagne*.

Fils de la Perse, Hassan quitta son pays dans une de ces années où les *oiseaux de la vengeance céleste* s'abattent sur une terre. Initié de bonne heure par son père, qui était profondément versé dans les sciences religieuses, aux mystères que la vieille patrie de Zoroastre cache au fond de ses atechgust, de bonne heure il rêva, comme son compatriote Manès, la puissance et la domination. Des vallées de Schyraz et de Tauris, il vint en Égypte, où il vécut dix ans dans la retraite, l'étude et l'obscurité. Là, il nourrissait déjà les plans de l'ambition la plus vaste et se préparait, par l'investigation patiente, sourde, occulte des mystères cachés sous le granit des sphinx, à la mission céleste qu'il rêvait de se donner un jour.

Admis dans l'intimité des daï (missionnaires de la doctrine secrète) les plus célèbres de la grande loge du Caire, visitant tour à tour les sages de la haute Égypte et les penseurs retirés dans les oasis des déserts qui bordent la vallée du Nil, il fit entrer dans son esprit tous les secrets que la nature a révélés à la science dès les temps les plus reculés. Sur ces fortes assises, il bâtit un système d'une simplicité inouïe, et, convaincu de sa puissance, il travailla sans relâche à sa réalisation.

En fuyant la Perse, il avait échappé à des ennemis puissants, au nombre desquels se trouvait, plus acharné que les autres, le vizir Nisamolmoulk, ancien compagnon de jeunesse de Hassan-ben-Sabah. Il est vrai que le futur grand maître de l'ordre des Assassins avait voulu renverser le vizir, et que celui-ci n'avait pu résister à ses coups qu'à force de ruse et d'habileté. Hassan, devenu puissant à son tour, fut implacable, et la première victime qui tomba sous le poignard des Ismaïlites fut ce même vizir Nisamolmoulk. En le frappant, les séides lui dirent :

— Ce poignard est celui que nous a confié Hassan-ben-Sabah pour punir de son parjure le traître Nisamolmoulk.

Cet assassinat révéla la puissance d'Hassan au monde islamite. Les chrétiens ne tardèrent pas à la connaître.

Un jour, lorsque, proscrit et persécuté, Hassan parcourait l'Asie, fuyant d'asile en asile, et mettant à contribution le dévouement de ses amis pour échapper aux colères et aux vengeances du vizir, une parole était sortie de ses lèvres comme une plainte de son cœur :

— Ah! si dans sa colère, avait-il dit, le prophète, dont la main s'est étendue sur moi, m'avait au moins laissé deux amis fidèles et dévoués! Malgré toute sa puissance, et bien qu'il soit sans cesse entouré de gardes, j'en aurais bientôt fini avec ce *paysan*.

Ces mots parurent insensés à ceux qui les entendirent; plus tard, quand Hassan les leur rappela, ils y virent le germe et le résumé de la doctrine qu'il avait développée et organisée de manière à tout faire plier devant elle. L'amitié, la fidélité inaltérable, le dévouement sans bornes ni réticences furent les bases sur lesquelles Hassan-ben-Sabah fit reposer ses principes religieux et devinrent les mobiles de sa politique. Avec eux, il bouleversa les têtes, arma les bras, conquit d'aveugles séides, et ces satellites fanatiques se répandant dans le monde, chez les musulmans comme chez les chrétiens, étendirent jusqu'aux confins les plus reculés la crainte et le respect de cette puissance occulte, dont la vengeance savait prendre tous les masques et atteignait toujours à coup sûr. Pendant près de deux siècles, les Ismaïlites furent la terreur et l'épouvante de l'humanité. Rois, grands seigneurs, ministres, prêtres, et chevaliers, n'importe la nation à laquelle ils appartenaient, la religion qu'ils professaient, tous, les plus braves comme les plus timides, tremblèrent devant Hassan-ben-Sabah ; car à toute heure, en tout lieu, dans la joie et dans le deuil, au manoir et en campagne, au festin et dans la bataille, on était menacé de voir se lever le fantôme sinistre dont le poignard infaillible n'avait jamais besoin de frapper deux fois pour donner la mort !

Les premiers séides d'Hassan furent les deux fils d'un fellah du Fayoum, chez lequel le futur grand maître avait un soir reçu l'hospitalité. Touchés de la beauté de son langage, de la grandeur et de l'élévation de ses idées, ils abandonnèrent le pays des roses pour le suivre. Hassan les présenta au grand collége des daï de l'Imanié (doctrine des sept Imans), et sous son patronage ils furent admis au nombre des zélés. Plus tard, il les introduisit dans d'autres tabernacles plus secrets, et les initia aux mystères du grand œuvre. Quand il les vit prêts à braver la mort, il arma leur bras du poignard, et deux mois après le vizir Nisamolmoulk n'était plus, l'ordre des Assassins était fondé. Le nombre des adeptes s'accrut avec une rapidité prodigieuse. Tous les antiques sanctuaires d'Egypte envoyèrent leur contingent d'hommes dévoués à celui qui avait la lumière et allait la répandre sur le monde. Hassan eût pu lever une armée.

Profitant de la mort du vizir Nisamolmoulk, de la faiblesse et des divisions des princes seldjoucides, il revint dans son pays natal sous l'habit obscur du pèlerin. Une année s'écoula sans qu'on entendît parler d'Hassan. Mais cette année révolue, une nuée de pèlerins échangeant des signes mystérieux s'abattit sur la Perse. Ils venaient du Kaboul, des grands déserts de la Tartarie, des sables libyques, des montagnes de la Syrie, du fond de l'Yémen, mais principalement de l'Egypte, de Méroé et des provinces voisines de l'Abyssinie. Au même jour, tous ces pèlerins se trouvèrent au pied des montagnes qui séparent la haute Syrie de la Perse, dans les terres de Roudbar et Kasvin, le pays le plus beau qui soit au monde, et qui paraît inaccessible à toute autre ardeur qu'à la foi religieuse, tant les vallées fertiles qui le composent sont séparées des autres terres par des montagnes roides, abruptes, escarpées, défendues par des forteresses imprenables.

Tous les pèlerins avaient des armes; Hassan était au milieu d'eux; seul il n'avait à la main que le bâton blanc du voyageur, et il disait à ses compagnons :

— Enfants, le jour promis est arrivé. La terre se couvre de fleurs, les arbres de feuillage et de fruits. Les eaux sont douces, et l'insecte chante en se chauffant au soleil. Alamout, la forte Alamout est devant vous. C'est là que nous allons élever notre temple et établir la puissance qu'aucune main ne pourra jamais ébranler ni abattre, si vous êtes toujours dévoués et fidèles. Déposez vos armes, ayez confiance et marchons.

A ces mots, tous les pèlerins obéirent; les armes furent jetées sur le sable, et l'on gravit les sentiers rocailleux qui conduisaient à Alamout.

A quelque distance de la forteresse, Hassan quitta ses compagnons; il s'avança seul, complétement à découvert, jusqu'au bord des fossés profonds qui protégeaient les remparts. Là, il fendit l'air par des gestes symboliques. Ce n'étaient point les signes que les pèlerins avaient échangés entre eux sur la route; et cependant les portes de la forteresse s'ouvrirent, et Hassan entra avec ceux qui l'avaient accompagné. Tous les autres forts des hautes vallées de Syrie imitèrent l'exemple d'Alamout, et bientôt Hassan fut le maître souverain de la contrée. Il transforma en jardins délicieux les vallées fertiles des monts Semak, dans le district de Hamat, l'antique *Epiphania*, qui s'étendent parallèlement à la mer jusqu'aux premières crêtes du Liban. Partout sur les pas des adeptes naissaient le plaisir, la joie, l'abondance dans les châteaux de Masziat, d'Alamout, dans dix autres, où Hassan avait rassemblé tout ce qui peut plaire, séduire, charmer, enivrer la nature sensualiste des hommes d'Orient. Les grands mystères étaient dévoilés et l'homme avait l'intelligence des joies ineffables de la nature.

Ainsi s'expriment les écrivains orientaux qui nous ont laissé des documents sur la puissance mystérieuse du grand maître des Ismaïlites de l'est. Nous n'avons fait que grouper et coordonner leurs témoignages et leurs opinions, en omettant les détails religieux et politiques qui sont toujours mêlés dans l'histoire de l'islamisme à ces questions de sectes et de dynasties.

Hassan mort, les premiers initiés lui donnèrent un successeur qui continua les traditions du fils de Sabah.

Des forteresses d'Alamout sortirent chaque jour, pendant deux siècles, les adeptes qui s'en allaient, les uns retremper la science aux sources de la vieille Egypte; les autres, et c'étaient les plus jeunes, accomplir la mission sanglante donnée par le grand maître. L'Egypte, par les Ismaïlites de l'est, ainsi que par tous les disciples de la doctrine Imanié, était considérée comme une mère qui garde à ses enfants des trésors éternels de tendresse et d'expérience. Cette mère, il fallait veiller sur elle, la préserver de tout malheur, sauver ses antiques sanctuaires que rien n'aurait pu remplacer. Les races orientales, prudentes et instruites par les persécutions, ne confient pas leurs trésors de pensées au parchemin ou au papyrus; elles les gardent dans la mémoire pour ne les dévoiler qu'à ceux qui en sont dignes, et les traditions se conservent ainsi, grossies, améliorées, transmises d'oreille en oreille, et d'esprit en esprit.

Les Ismaïlites des montagnes de Syrie veillaient donc sur l'Égypte, le pays de leurs traditions. Quand l'Occident fit irruption sur l'Orient, à la conquête du tombeau du Christ, les grands maîtres, successeurs d'Hassan-ben-Sabah, comprirent qu'un grand danger menaçait sinon leur existence propre, du moins le foyer où ils allaient puiser sans cesse leur science et leur vertu

Alors les émissaires se multiplièrent à l'infini; partout, toujours, tout le monde eut à craindre d'en rencontrer. Les plus intrépides chevaliers, les plus beaux noms que nous ont légués les premières croisades en ont trouvé sur leur passage. Une de leurs plus illustres victimes fut Conrad, marquis de Montferrat, dont la mort tragique vida une grande querelle politique.

Parmi les musulmans, plusieurs voulurent s'opposer au développement de cet ordre célèbre, mais les meurtres du prince de Mosul, Kazim-el-Devet Absconsor, d'un grand nombre de Seldjoucides en Perse, à Bassora, à Halep, firent trembler l'Islam, et conseillèrent aux califes de vivre en bonne intelligence avec le cheik d'Alamout.

Bientôt le poignard ne fut plus assez sûr. On eut recours au poison. On exprima les sucs des plantes les plus terribles, et des mains invisibles versèrent la liqueur mortelle dans la coupe de ceux que le grand maître avait condamnés.

Quand l'illustre Gérard de Brienne entreprit sa campagne d'Égyte, la mortalité devint effrayante autour de lui, et ses chevaliers découragés se laissèrent vaincre et faire prisonniers devant Mansourah.

En même temps, sous ses successeurs et au milieu des divisions intestines qui sont toujours le partage d'un ordre de succession mal réglé, l'ordre avait pris une extension que n'avait pas voulu lui donner Hassan-ben-Sabah. Il eut des émissaires à poste fixe dans toutes les cours musulmanes, et ils affilièrent une quantité considérable d'Islamites qui n'avaient jamais été à Alamout, mais qui pouvaient y être mandés au premier signal. L'Égypte et la Libye étaient toujours les pays qui fournissaient le plus grand nombre des séides, mais partout la doctrine ismaïlite comptait des adeptes. Les guerriers les plus illustres appartenaient à l'ordre, ainsi que les vizirs et les grands officiers des cours ; et l'ordre, au nom du dévouement et de l'obéissance aveugle imposés à tous ses membres, leur ménageait sans cesse les plus beaux commandements, les plus nobles missions.

Dans sa jeunesse, Fak-Reddin avait prêté serment entre les mains d'un daï de la grande loge du Caire.

Intérieurement, l'ordre avait aussi subi de grandes modifications ; la doctrine formulée par Hassan-ben-Sabah avait trouvé dans un autre Hassan, fils de Mahomet, et cinquième grand-maître, un promoteur de schisme ; l'antique foi avait un instant été ébranlée, et depuis lors le fanatisme aveugle de la secte s'était adouci dans plusieurs occasions remarquables. Les relations avec les détenteurs de la richesse et de la puissance avaient parfois revêtu des formes pleines

5.

de mansuétude et de cordialité. Des personnages qu'aucune initiation préliminaire n'attachait à l'ordre avaient reçu des invitations amicales, et s'étant rendus à Masziat et à Alamout, avaient reçu du grand maître des Ismaïlites de l'est un accueil digne des plus grandes et des plus nobles cours de l'univers. De pareils faits, souvent renouvelés pendant que Philippe-Auguste, Richard Cœur de Lion et le grand Saladin se disputaient par les armes, lambeau à lambeau, la Palestine, des rapports plus suivis avec les princes, soit chrétiens, soit musulmans, qui ne quittaient point la terre sainte, avaient quelque peu dissipé la terreur inspirée par les séides d'Hassan-ben-Sabah, et fait considérer leur ordre comme une puissance avec laquelle il était permis de nouer des liens d'amitié et de bon voisinage. Il suffisait cependant, pour que ces liens fussent rompus, l'avènement d'un nouveau grand-maître.

C'est ce qui arriva quand le farouche Roggen-Eddin succéda à son père, contre lequel il avait conspiré avec les principaux chefs des daïs.

A peine assis dans la chaire suprême, Roggen-Eddin chercha à rendre à l'ordre tout son éclat.

Doué personnellement de tous les prestiges, il s'entoura des daïs les plus célèbres, et bientôt la régénération qu'il voulait opérer porta ses fruits. Roggen-Eddin trouva des *Fedavi* aussi dévoués que ceux dont Hassan-ben-Sabah avait armé les bras contre le vizir Nisamolmoulk. Pour eux, il agrandit encore le cercle des jouissances que des visions fantastiques faisaient entrevoir aux adeptes. Lui-même, il ne dédaignait pas de venir sans cesse au milieu d'eux, et de les instruire avec une éloquence qui n'avait point alors d'égale en Orient.

Cependant un grand nombre d'affiliés, surtout parmi ceux qui n'habitaient point les châteaux enchantés et les vallées délicieuses de la Syrie, se révoltaient contre ces réformes, et menaçaient le grand maître de désobéissance dans ses innovations. Tout en restant fidèles sectateurs de la doctrine *Imanié*, il leur répugnait souvent d'accepter la mission sanglante qui pouvait être confiée à leur dévouement ; ils ne voulaient appartenir à l'ordre que par des croyances communes. Le contact des chevaliers chrétiens avait fait naître dans leur cœur l'amour des passions chevalcresques ; mais le grand maître Roggen-Eddin ne pouvait se contenter de cette suprématie spirituelle. Il lui fallait faire trembler, non pas seulement les princes de son voisinage, le faible calife de Bagdad et le juge de Kasvin, mais, comme Hassan-ben-Sabah, qu'il s'était proposé pour modèle, les puissances du monde entier. Pour arriver à son but, il avait besoin de ce qui n'avait jamais fait défaut au fondateur de l'ordre. Il était décidé à périr plutôt que de ne pas arriver à ses fins.

Depuis longtemps l'Occident ne menaçait plus l'Orient, et le croissant faisait chaque jour éprouver de nouveaux échecs à la croix. Tout à coup une nouvelle retentit sur les môles des ports d'Orient : « Le roi de France a pris la croix et fait voile vers l'Égypte. » A cette parole jetée par les marins venus d'Italie et de Marseille, tout l'islamisme s'émeut ; elle vole de bouche en bouche jusqu'au fond des déserts, et réveille chez tous les fidèles musulmans les passions qui paraissaient s'engourdir dans tous les cœurs ; les sectes de l'Imanié surtout sont dans la consternation, tant était grande à cette époque la terreur qu'inspirait la France !

Un des premiers instruits, le grand maître des Assassins, tressaillit à cette nouvelle. Une grande joie inonda son cœur, car il ne partagea en rien les craintes communes. Il vit dans cette nouvelle croisade l'occasion qu'il cherchait depuis son avénement de relever son ordre par un coup d'éclat, et il conçut aussitôt un plan qui devait faire renaître les grands jours de Hassan-ben-Sabah. Une ère nouvelle commençait, et il voulait l'inaugurer par un triomphe capable de jeter dans tous les cœurs l'épouvante et le découragement.

L'émir Fak-Reddin, un des adeptes soumis à ses lois, commandait un corps de troupes sur le Nil. Pour accomplir la mission que trame Roggen-Eddin, et sauver les vieux sanctuaires égyptiens menacés par la France, il lui faut plus que de la bravoure et du dévouement; il lui faut de l'habileté. Fak-Reddin était à la fois intrépide et insinuant; il unissait aux qualités brillantes qui peuvent séduire un cœur loyal la ruse et la souplesse de l'enfant du désert. C'est sur lui que Roggen-Eddin jeta les yeux.

Un soir, pendant que la nature entière était

plongée dans ce calme splendide qui est le charme suprême des nuits orientales, le grand daï de la maîtresse loge du Caire se présente sous la tente où reposait Fak-Reddin.

— Guerrier, lui dit-il, tu dors et le grand maître t'appelle. Traverse le désert comme un trait et cours à Alamout. Tes frères comptent sur toi.

Le vieillard n'est pas sorti, que Fak-Reddin est à cheval, et un nuage de poussière indique le lieu par où il est parti.

Un seul serviteur, un Ismaïlite comme lui, l'accompagnait. C'est un des *réficks* ou compagnons que le grand maître plaçait sans cesse auprès de ses dignitaires, afin de n'ignorer aucun de leurs actes, aucune de leurs paroles. Mais gagné par l'esprit du siècle, Aboul-Abbas est plus dévoué à Fak-Reddin qu'au grand maître. Sans cesse il a partagé les périls et la gloire du jeune émir, et il s'est habitué à le considérer seul comme son supérieur. A cette heure même, pendant que les chevaux, rapides comme la flèche, laissent derrière eux, dans leur vol, le Nil, l'Égypte, les villes de Syrie, le désert, Aboul-Abbas aux côtés de Fak-Reddin oublie qu'ils courent vers les vallées délicieuses du pays des Koumis. Il oublie que maître et compagnon vont comparaître devant le maître suprême, et qu'un des articles de sa foi est d'obéir aveuglément à tout ce qu'ordonnera le cheik de la Montagne.

Cette obéissance dévouée, Aboul-Abbas ne peut la donner qu'à un seul homme : c'est au guerrier qui un jour, dans un combat terrible, lorsque les lances ennemies menaçaient sa poitrine, que sa mort était certaine, s'est précipité dans la mêlée avec tant de furie que les rangs se sont ouverts devant son cheval, et qu'il a pu emporter sur sa selle son réfick couvert de blessures. Depuis lors Aboul-Abbas a brisé intérieurement le pacte d'Ismaïl; il est à Fak-Reddin ce que les Fedavi aux tuniques blanches sont au Vieux de la Montagne. Et Fak-Reddin le sait; aussi Aboul-Abbas connaît tous ses secrets, il partage toutes ses joies comme tous les dangers auxquels expose la carrière des batailles. Si maintenant son cheval fend l'air à côté de la cavale indomptée de l'émir, c'est que dans la parole du grand daï Fak-Reddin a vu un mystère qu'il ne s'est pas expliqué. Ce voyage à Alamout peut cacher un piége. Seul Aboul-

Abbas viendrait alors en aide à Fak-Reddin.

Le cinquième jour après le départ des bords du Nil, les deux cavaliers gravissaient les pentes abruptes des monts Semak. Alamout, Masziat, Kirbou se dressaient devant eux avec leurs remparts formidables, protégeant les jardins enchantés qui s'étendaient dans les hautes vallées de ces montagnes. On attendait à Alamout le guerrier égyptien ; et quand il se présenta devant les ponts-levis, des Fedavi, vêtus de tuniques blanches, la tête couverte de toques écarlates, la taille serrée par des ceintures de même couleur, vinrent au-devant de lui et l'introduisirent auprès du grand maître, comme le plus illustre des enfants d'Ismaïl.

Roggen-Eddin était entouré des daïs les plus vénérés pour leur science et leur vertu. Vieillards augustes, ils n'ignoraient aucun des secrets de l'ordre ; à leur sagesse était confié le soin de veiller à sa grandeur, de propager au loin sa doctrine, d'étendre partout sa puissance.

Quelques réficks, vénérables par leur âge, étaient mêlés aux daïs. On les reconnaissait au turban vert qui cachait leurs cheveux, à la ceinture d'azur qui ceignait leurs reins. Ces réficks n'étaient appelés au conseil que dans les circonstances solennelles, pour quelque réception d'honneur, ou lorsqu'il s'agissait de prendre quelque détermination suprême.

Dans les circonstances où l'on se trouvait, la présence de Fak-Reddin à Alamout, l'obéissance qu'il avait montrée en se rendant sans retard à l'invitation du grand daï du Caire, avaient jeté une joie trop grande dans l'esprit de Roggen-Eddin pour qu'il ne reçût pas avec les plus insignes honneurs le jeune émir des bords du Nil.

Quand Fak-Reddin entra, le grand maître et les daïs étaient assis sur de riches coussins; le sol était couvert de moelleux tapis de Perse, des tentures magnifiques pendaient aux murailles, et les portières ouvertes laissaient pénétrer dans l'appartement les enivrants parfums qu'envoyaient les plus rares et les plus belles fleurs cultivées dans les jardins, au milieu desquels on voyait se promener sous des massifs de verdure les jeunes Fedavi, qui, d'un moment à l'autre, pouvaient recevoir un ordre de départ.

Le guerrier se prosterna devant le grand maître, et son front resta dans la poussière jusqu'à ce que Roggen-Eddin, d'une voix douce comme une mélodie céleste, lui dit ces paroles :

— Relève-toi, Fak-Reddin. Ta course a été longue et prompte; tu dois avoir besoin de repos. Nous t'attendions depuis plusieurs jours, et tu as cependant devancé l'heure espérée. Assieds-toi sur ce coussin, pendant que tes esclaves apporteront les rafraîchissements qui te sont nécessaires.

— Maître, dit l'émir, votre accueil ravit l'âme de votre serviteur.

En même temps de jeunes esclaves, aux tuniques d'azur, entrèrent apportant des sorbets qu'ils placèrent devant le guerrier égyptien ; d'autres avaient dans leurs mains des plateaux chargés des fruits les plus savoureux.

Pendant plusieurs jours, des fêtes continuelles signalèrent la présence de Fak-Reddin à Alamout. Bien qu'habitué dans ses palais d'Égypte aux jouissances de la vie orientale, le jeune émir ne pouvait se lasser d'admirer les kiosques, les eaux vives, les bassins, les berceaux, les arbres, les fleurs des jardins d'Alamout; tout y respirait la volupté ; la nuit surtout, quand au murmure des cascades venaient se mêler le bruit du vent dans les feuilles, le chant des oiseaux, le son des instruments et des mélodies délicieuses chantées par des voix ravissantes.

Cependant, au milieu de ces enchantements, Fak-Reddin veillait soigneusement sur lui. Il craignait à toute heure d'apprendre quelle pensée avait le grand-maître en le faisant venir à Alamout.

Un soir, après un banquet où le grand maître l'avait placé à ses côtés, versant dans sa coupe les vins les plus exquis, il sentit ses forces le trahir, il perdit connaissance, et, quand il revint à lui, il se trouva transporté dans un paradis semblable à celui que le prophète de la Mecque promet à ses moslimins.

Tout ce qui l'entourait favorisait cette illusion, et pas de doute que Fak-Reddin ne se fût cru transporté au milieu des houris célestes si la même pensée de défiance, qui ne l'avait pas quitté depuis son entrée à Alamout, n'eût de nouveau envahi son esprit.

La vision commençait à s'effacer ; un second

évanouissement engourdit encore les membres de l'émir, et cette fois, en reprenant ses sens, au lieu des bosquets enchantés, Fak-Reddin ne vit plus auprès de lui que le grand maître qui paraissait lui prodiguer les soins les plus délicats.

— La fumée de ces vins, lui dit l'émir, a troublé ma raison, et pendant mon sommeil j'ai été le jouet d'un songe.

— Ce que tu as vu n'est point un songe, répondit Roggen-Eddin. C'est la félicité qui t'est réservée si tu accomplis fidèlement la mission que j'ai à te confier.

— Parlez, maître, mon devoir est d'obéir.

— Mon fils, lui dit alors Roggen-Eddin, tu sais qu'un grand péril nous menace, et pour le conjurer, j'ai besoin de ton bras. Le plus puissant des rois chrétiens traverse la mer avec une armée nombreuse et invincible. Il vient en Égypte, où nous ne pourrons lui résister en bataille rangée. Il hivernera à Chypre ; c'est là qu'il faut l'atteindre et le frapper.

Ces paroles révélèrent à Fak-Reddin le mystère qu'il cherchait à comprendre depuis qu'il avait quitté les bords du Nil. Il vit dès lors clairement pourquoi on l'avait fait venir à Alamout, pourquoi on lui avait prodigué tant d'honneurs et de jouissances. D'un autre côté, son cœur répugnait à se charger d'un obscur assassinat. On lui donnait le rôle d'un Fedavi, pendant qu'il avait rêvé celui de Saladin. L'annonce de la croisade nouvelle avait fait germer dans sa tête des pensées de gloire et d'ambition auxquelles il lui fallait renoncer s'il acceptait la mission que voulait lui confier le grand maître. Il répondit :

— Mon père, j'ai sur les bords du Nil des guerriers habiles à manier la lance et le glaive. Si le roi de France a des chevaliers bardés de fer, nos armures ne sont pas moins solides. Nous sommes en état de lui disputer la victoire.

— Mon fils, combattre n'est pas vaincre, et aujourd'hui ce n'est pas un combat qu'il nous faut, c'est une victoire.

— Je ne saurais, mon père, frapper par derrière un ennemi.

— Songe que notre existence est en péril.

— Vous avez ici des mains habituées à se servir du poignard.

— Ce n'est pas le poignard seul qui peut nous

sauver. Aujourd'hui, il faut savoir unir la ruse à l'audace, et c'est pourquoi je t'avais choisi. Nul n'est plus capable que toi de feindre avec habileté des sentiments qui te feraient accueillir d'une manière distinguée au camp des chrétiens. Tu aurais bientôt captivé la confiance d'un roi qui n'est habitué à regarder le péril qu'en face ; et quand il s'agirait de frapper, aucune main ne serait plus sûre que la tienne.

— Non, mon père, ma main tremblerait, et au lieu de sauver notre cause, je la perdrais.

— Alors tu refuses d'aller à Chypre ?

— S'il faut aller y combattre le roi de France, je partirai.

— C'est bien, mon fils : puisque tu refuses, je trouverai d'autres bras plus obéissants, d'autres cœurs plus fidèles et plus dévoués. Tu peux retourner sur les bords du Nil.

Fak-Reddin descend dans la cour. Il trouve son réfick Aboul-Abbas au pied de l'escalier d'honneur. Aboul-Abbas tient par la bride son cheval et celui de son maître. Fak-Reddin saute en selle, et quelques instants après, emportés comme au vol, les deux cavaliers descendent la montagne d'Alamout.

Le désert s'étendait devant eux, aride, sablonneux, profond ; le soleil atteignait déjà les limites de l'Occident, et la nuit avant une heure allait tout envelopper de ses ombres : Fak-Reddin et son compagnon n'avaient pas ralenti leur course ; les chevaux étaient blancs d'écume, et leur haleine précipitée annonçait qu'ils étaient à bout de leurs forces. Soudain, derrière un buisson de nopals, une ombre s'agite, puis se lève avec la vivacité de la bête fauve et bondit jusqu'au cheval de Fak-Reddin. Du premier coup d'œil, le guerrier musulman a reconnu l'émissaire du Vieux de la Montagne. Aussitôt il devine le piége où, malgré la rapidité de la course, il est tombé ; il comprend qu'un combat à mort va s'engager dans ce désert. Il a brusquement serré les rênes ; son cheval s'est cabré, et sa main a saisi le glaive suspendu à sa ceinture.

L'assassin a vu le mouvement. Son premier élan n'a pu abattre son adversaire ; il n'a frappé que le cheval. Un instant il s'arrête ; mais bientôt il se précipite de nouveau, le poignard à la main, sur celui qui ne doit point sortir de ce désert, en criant d'une voix stridente :

— Mort au parjure !

A ce cri, de nouveaux fantômes se dressent derrière les nopals éparpillés çà et là dans la plaine. En un clin d'œil, ils sont autour de Fak-Reddin, et lui livrent un assaut général. L'émir en compte trois, quatre, cinq ; il frappe d'estoc et de taille ; le sable est rouge de sang. A droite, à gauche, les assassins se multiplient. En vain le serviteur les attaque et cherche à détourner sur lui les coups : tous s'acharnent après Fak-Reddin. Blessés, ils se relèvent plus furieux, se cramponnent à ses jambes, et veulent arrêter le bras formidable qui sans cesse s'abat sur eux, sans cesse leur porte des coups mortels. Deux sont déjà couchés sur la poussière et ne se relèveront plus.

Les autres sont couverts de sang. Mais il n'y a que la mort de Fak Reddin ou de ses ennemis qui puisse terminer ce duel gigantesque. D'un bond désespéré, un assassin a sauté sur le cou du cheval et étreint Fak-Reddin corps à corps. La main de l'émir abandonne les rênes, ses pieds ont quitté les étriers ; un mouvement du cheval renverse ces deux corps qui roulent sur le sable et s'étreignent convulsivement. Le bras de l'assassin est armé du poignard ; mais la main roidie de l'émir maintient ce bras. C'est un effort suprême, le dernier que lui permettent ses forces épuisées. Main contre main, pied contre pied, épaule contre épaule, poitrine contre poitrine, ils roulent et se tordent sur le sable comme deux reptiles enlacés ; et le sable se teint de sang, et la lutte se prolonge comme une lente agonie.

Cependant le serviteur forçait les autres assaillants à se défendre. Sa lance en avait cloué un sur le sable, et les autres, épuisés par la perte de leur sang, râlaient, sans pouvoir se relever, dans les convulsions horribles qui précèdent la mort.

Tout à coup, Fak-Reddin sentit se détendre la main qu'il comprimait. Par un mouvement agile, il saisit le poignard qu'elle avait laissé tomber, et l'enfonce dans la poitrine de l'assassin.

A genoux sur le cadavre, il promène un regard circulaire autour de lui. Aucun de ses ennemis n'est debout ; seul, son serviteur est à cinquante pas, lui ramenant son cheval. Il se relève alors, et malgré sa fatigue, sautant en selle, il s'élance vers l'Égypte.

C'est là qu'au moment du débarquement des croisés, nous l'avons retrouvé au milieu de ses compagnons de guerre, prêt à disputer pied à pied le terrain aux Français.

VI

LES ISMAILITES

Après avoir rempli tous les devoirs qu'il s'était imposés, Louis donna l'ordre du débarquement général, et il ne resta bientôt plus à bord des navires qu'un très-petit nombre de marins. On dressa sur le rivage d'innombrables tentes, pour un campement de quelques jours ; mais les soldats, les ouvriers, les cultivateurs, et tous les passagers qui avaient suivi l'armée, avec l'intention de se coloniser en Orient, s'établirent dans deux grandes oasis, autrefois voisines de Damiette, et qu'on chercherait en vain aujourd'hui, car depuis cette époque la forme du Delta égyptien a été souvent bouleversée par les grands courants du Nil.

Les tentes de la noblesse se faisaient remarquer par toutes les splendeurs du luxe militaire ; une simplicité admirable distinguait seule la tente du roi ; formée grossièrement avec des voiles de navire, elle n'avait d'autre ornement sur sa pointe que l'oriflamme, déjà toute trouée par les lances des musulmans, jeune drapeau qu'une seule bataille avait vieilli, et qui de loin annonçait à tous que là étaient la fortune de la France, l'arbre de Vincennes et la vaillante épée du roi.

La reine, l'impératrice Marie, la princesse d'Anjou, et la belle Grecque Rhodonia s'occupaient du pansement des blessés, dans la tente royale, et Louis recevait les chefs des tribus soumises, et les renvoyait avec de bonnes paroles, qui faisaient de ces ennemis de la veille des auxiliaires des chrétiens. On dit, et cela nous paraît très-croyable, que beaucoup de ces infidèles, séduits par le charme et l'onction de ce roi, dont ils avaient aussi admiré l'intrépidité sur le champ de bataille, se convertirent le même jour à la foi du Christ et reçurent le baptême des mains du cardinal légat.

Aux dernières lueurs du jour, le comte d'Alençon, qui pansait la blessure de Guillaume de Salisbury, dans la tente du roi, aperçut un homme étendu sur le sable, qui lui adressait un signe très-familier. Le crépuscule ne permettait pas de distinguer un visage, même à une distance rapprochée, et ce ne fut qu'à deux ou trois pas que le comte d'Alençon reconnut Paul Richard.

— C'est toi, Richard? dit le comte; tu es un brave et dévoué soldat; nous savons ce que tu as fait à Damiette, et le roi est content.

— Oh! il ne s'agit plus de cela, monseigneur, dit Paul. Je viens vous demander votre protection.

— Elle t'est acquise, reprit d'Alençon.

— C'est ce qui vous trompe, monseigneur, vous allez voir. Nous sommes ici douze Ribauds, y compris ce jeune homme blond, que nous avons ramené avec nous de Damiette. Il est chrétien de la tribu des Aurès. Eh bien! monseigneur, nous nous sommes mis en tête de passer la nuit ici, à quinze pas de la tente du roi, et à chaque instant on veut nous faire déloger. Le comte de Jaffa vient de dire en passant, d'un ton brusque : « Que font là ces hommes ? Ils ne sont pas à leur poste ! » Et puis, monseigneur, le duc d'Anjou et le comte de Montfort nous ont regardés en murmurant, et ont dit à peu près la même chose ; de sorte que, si vous n'intervenez, nous allons être chassés dans le quart d'heure, c'est sûr. Il est vrai de dire que notre costume n'est pas beau, et ne serait pas reçu à la cour ; mais à la guerre, les plus braves sont ceux qui laissent leurs habits à la pointe des lances ou des flammes ennemies ; c'est ce qui nous est arrivé aujourd'hui.

— Il paraît donc, dit le comte en riant, que tu tiens beaucoup à ce poste ?

— On ne m'en arrachera que mort, reprit Paul avec un ton résolu.

— Richard, ajouta d'Alençon, je te connais, tu ne fais rien au hasard, et si tu t'obstines à rester ici, c'est que tu as une idée. Voyons, parle-moi avec franchise, et je te promets ma protection.

— Monseigneur, vous me promettez aussi le secret, comme si j'étais votre égal ?

— Est-ce que nous ne sommes pas tous égaux ici par la grâce de la croix ?

— Oui ; mais cependant, malgré vos bienveillantes paroles, en vous je verrai toujours un illustre seigneur, et en moi un obscur ribaud.

— Comme tu voudras, Richard. Eh bien ! je te promets le secret.

— Monseigneur, cette nuit, six hommes fanatiques doivent s'introduire dans la tente du roi pour l'assassiner.

— Tu le dis, je le crois ; tu n'es pas homme à t'alarmer pour rien.

— Oh ! monseigneur, vous me connaissez, je le vois. Ces six hommes appartiennent à la secte des Ismaïlites, dont vous avez entendu parler. Leur chef leur dit : « Allez ! » et ils vont. Rien ne les arrête. Les supplices et la mort ne les épouvantent point : au contraire, leur stupide religion, vous le savez sans doute, promet à ces assassins toute sorte de délices dans un autre monde s'ils réussissent, ou s'ils sont pendus.

— Je le sais, Richard ; voici donc ce qu'il faut faire ; je vais avertir le roi, et...

— Ah ! interrompit brusquement Richard,

voilà justement ce qu'il ne faut pas faire! Avertir le roi! y pensez-vous, monseigneur ? Mais vous ne connaissez donc pas le roi? Il ne voudra rien croire; il ne croit pas au crime, lui! Il nous ordonnera de rester tranquilles, et, après cet ordre, il faudra bien obéir, et un coup de poignard est vite donné... Oh! mon Dieu! mon sang brûlé se glace, en y songeant...

— Tu as donc un plan arrêté contre ces bandits? interrompit le comte.

— Sans doute, monseigneur, et un fameux plan; sa réussite est infaillible; mais à une condition : il faut que vous me secondiez.

— En doutes-tu ?

— Votre tente est ici, dans le voisinage, n'est-ce pas?

— Oui, c'est la troisième après celle du roi; tu peux la voir d'ici.

— Bien!... mais vous n'y êtes pas seul, monseigneur?

— Non, j'y suis avec les quinze chevaliers qui suivent ma bannière.

— Il faut tout de suite envoyer vos bannerets se baigner dans le Nil.

— Ils viennent de se baigner.

— Ils se rebaigneront.

— Mais ce sont des hommes sûrs et discrets.

— Impossible, monseigneur! Sur quinze, il doit y avoir un étourdi, et c'est suffisant pour nous faire manquer notre coup.

— Tu as peut-être raison... Eh bien! je trouverai un prétexte pour les éloigner tous... Après?...

— Après, monseigneur, votre tâche commence, et vous avez quelque chose de très-beau, mais de très-périlleux à faire.

— Je le ferai.

— Oh! je n'en doute pas, monseigneur... Lorsque les deux hérauts introducteurs, qui seront prévenus par vous, amèneront les six Ismaïlites, c'est vous qui les recevrez, comme si vous étiez le roi.

— Très-bien!

— Nous serons là, nous, revêtus des hauberts de vos chevaliers absents, et au moment où ils lèveront leurs poignards sur vous, nous tomberons sur eux comme douze vautours affamés.

— Ton plan est bon, Richard.

— Il est bon, oui; mais vous comprenez, monseigneur, qu'il faut nécessairement mettre la justice de notre côté et laisser le crime commencer son œuvre; voilà le mauvais de ce bon plan, car je connais ces assassins ; ils ont l'agilité des éclairs, et vous pourriez bien recevoir un coup de couteau, malgré notre vigilance, et voilà ce que je voudrais éviter.

— Et comment veux-tu l'éviter, Richard?

— Oh! c'est bien simple, mais je n'ose vous le proposer.

— Propose, et ne crains rien.

— Eh bien! ce serait moi qui prendrais vos habits, et s'il y a un mauvais coup à recevoir, je le recevrai.

— Je t'accorde tout, excepté cela; Richard, tu as trop d'ambition. Ta noblesse ne date que d'aujourd'hui, et tu n'es pas encore assez grand seigneur pour lutter de prérogatives avec moi. Allons ! mon brave Richard , résigne-toi ; ce qui te reste à faire est encore assez beau; demain toute la noblesse chrétienne sera jalouse de toi.

— Monseigneur, dit Richard, vous arrangez

très-bien les choses, et le roi vous connaît bien, puisqu'il vous a confié deux ambassades, malgré vos cheveux blonds et vos trente ans. Non, je ne puis pas lutter avec vous ; mais je me vengerai, croyez-le bien...

— Tu te vengeras? dit d'Alençon en riant; et de qui te vengeras-tu?

— De vous, monseigneur.

— Et comment? Et pourquoi?

— Ah! c'est mon secret, vous verrez, monseigneur. Pour le moment, ne songeons qu'à sauver le roi.

— Je vais faire toutes les dispositions convenues, dit d'Alençon, et dans quelques instants nous serons tous à notre poste.

Le comte d'Alençon rentra dans la tente du roi, sous prétexte de prendre ses ordres, mais en réalité pour voir si le roi ne se préparait point à sortir pour rendre une dernière visite aux soldats. Louis, à demi couché sur une natte de feuilles de maïs, lisait un psaume écrit sur parchemin, à la clarté d'une bougie de cire jaune, et son noble visage avait une expression séraphique qui frappa le comte d'Alençon.

— Comte d'Alençon, dit le roi, j'ai voulu, avant de prendre quelques heures de repos, faire une lecture pieuse, et en prenant au hasard dans le coffret de mon oratoire, voici ce que la main d'un ange a mis sous ma main... C'est le cantique de Moïse... *Cantemus Domino*... Prenez et lisez, *tolle et lege*, comte d'Alençon.

Le comte prit la feuille de parchemin, et craignant de perdre un temps trop précieux, il la parcourut et dit :

— Sire, je venais prendre vos ordres pour cette nuit, et...

— Avez-vous remarqué, mon cher comte, interrompit le roi, que sa présence s'applique merveilleusement à cette journée.

— Oui, sire... Combien faut-il mettre de sentinelles autour du quartier du roi?

— Dieu veille sur les siens, dit Louis; laissez à leur repos de la nuit tous ces braves gens... Il n'y a rien de plus beau dans les psaumes. Le premier verset est un cri sublime d'enthousiasme et de reconnaissance, après le passage de la mer Rouge... *post transitum maris Rubri*... Moïse se livre à un transport magnifique... *Chantons le*

Seigneur, s'ecrie-t-il, *il a précipité dans la mer le cheval et le cavalier : equum et ascensorem dejecit in mare!* Que cela est grand! n'est-ce pas, comte d'Alençon?

— Oui, sire, et je vais...

— Aujourd'hui, poursuivit le roi, Dieu a fait la même chose pour nous, et à peu de distance de la mer Rouge... et nous pouvons aussi ajouter avec David : *Dieu n'a pas fait le même miracle pour toute nation : non fecit taliter omni nationi.* Dieu n'accorde sa protection qu'à ses élus...

— Oui, sire, dit le comte en s'inclinant, la protection divine est évidente. Aujourd'hui, vous étiez presque seul dans la bataille, au milieu des plus redoutables guerriers de l'Orient, et vous êtes resté debout.

— C'est que, mon cher comte, j'avais sur les lèvres une arme qui valait mieux que mon épée; je ne cessais de redire ce sublime verset de David, *mille tomberont à ta gauche et dix mille à ta droite, et aucun ne s'approchera de toi* [1].

— Sire, vous me pardonnerez d'avoir troublé

---

[1]. *Cadent a latere tuo mille, et decem millia a dextris tuis; ad te autem non appropinquabit.*

votre recueillement; je me retire, le cœur tout joyeux de vos saintes paroles.

— Que Dieu vous garde, comte d'Alençon! dit le roi.

Et il continua le cantique de Moïse.

Toutes les dispositions ayant été prises, le comte d'Alençon attendit dans sa tente ceux qui devaient venir. Les six Ismaïlites se présentèrent aux sentinelles avancées, et demandèrent, après une foule d'autres, d'être introduits auprès du roi, afin de faire leur soumission et de recevoir le baptême : Emmanuel les attendait à ce poste, et il les conduisit à la tente du comte d'Alençon, où Paul Richard et les plus braves de sa troupe se tenaient debout, en costume de chevaliers.

Le comte d'Alençon fit un signe amical aux Ismaïlites, qui s'approchèrent dans une attitude de suppliants, les mains cachées dans les larges plis de leurs sarraus de laine rousse. Le premier se prosterna devant le comte, la face contre terre; et comme il se relevait avec lenteur, en dégageant des plis de son costume sa main droite, Richard, prompt comme la foudre, saisit son bras, et fit luire un long poignard à tous les yeux!

L'assassin poussa un cri de bête fauve, et ses compagnons se précipitèrent sur le comte d'Alençon; ce coup avait été prévenu. Les agiles Ribauds tombèrent comme un rempart vivant entre le comte et les Ismaïlites, et les renversèrent en entrelaçant les pieds dans leurs jarrets, avec une dextérité merveilleuse. Les assassins ne se défendirent plus; ils baissèrent la tête, comme des victimes devant la hache du sacrificateur, et demandèrent même par leurs gestes le coup de mort.

— Ah! monseigneur d'Alençon, s'écria Paul Richard, voilà comme je me venge; vous n'avez pas une égratignure. Une autre fois vous serez plus heureux.

Les six assassins avaient des armes terribles, trempées dans les eaux de Damas, et qui pouvaient percer la cuirasse la plus solide.

— Ces armes nous appartiennent, dit Richard. Ce sont nos conventions.

Et il distribua les poignards des Ismaïlites à ses amis.

Malgré les précautions prises, cette scène excita bientôt une vive rumeur au dehors. Tout de suite le bruit se répandit autour des tentes que des infidèles avaient voulu assassiner le roi. Le comte de Jaffa, le sire de Joinville, Baudoin, accoururent, l'épée à la main, et furent suivis de beaucoup d'autres. La reine arriva accompagnée de l'impératrice Marie, et de Rhodonia la jeune Grecque ; elles avaient cherché le roi dans sa tente, et ne l'ayant pas trouvé, elles venaient de concevoir de justes alarmes, et elles étaient accourues à la tente du comte d'Alençon. Guillaume de Salisbury, oubliant sa blessure, suivait tout ce monde, en agitant cette *longue épée* que lui seul pouvait plonger d'une seule main dans la cuirasse de son ennemi.

En ce moment, le roi, suivi du cardinal légat et de son chapelain, visitait les blessés sous des tentes dressées au bord du fleuve, et fort éloignées du quartier du comte d'Alençon.

Les assassins étaient gardés à vue par Paul Richard et les siens; le comte instruisit la reine de tout ce qui venait de se passer, et ajouta :

— Maintenant, nous attendons les ordres du roi ; il n'y a ici d'autre grand justicier que lui.

On envoya de tous côtés des émissaires pour

annoncer au roi cet attentat. Paul Richard murmurait hautement contre la tournure que prenait cette affaire, et il disait au comte d'Alençon :

— Il n'y a qu'une seule chose à annoncer au roi, c'est que ces hommes-là viennent d'être pendus. Après on les jugera.

La foule partageait l'opinion émise par Paul Richard.

Cependant, la jeune Grecque Rhodonia regardait avec une attention singulière un des assassins, et quand elle crut l'avoir reconnu, elle dit à Guillaume de Salisbury :

— Voilà un homme qui a été au service de mon père à Damiette. Oui, c'est bien lui ; c'est Azzedoun.

— Il vous regarde aussi avec une attention significative, dit Salisbury ; il vous a reconnue... et ses gestes semblent vous demander d'intercéder pour lui... Cela m'étonne beaucoup, car les hommes de cette secte ne demandent jamais leur grâce ; ils ne craignent ni de donner la mort ni de la recevoir.

— Peut-être, dit Rhodonia, ils se repentent, ou leur courage les abandonne au moment du supplice... Ce malheureux m'intéresse malgré son crime... il a obéi à un maître; c'est une victime du fanatisme de ce pays.

— Belle Rhodonia, dit Salisbury, vous êtes un ange, et vous avez la plus noble des vertus, celle des intelligences célestes, vous êtes touchée par le repentir; mais il est des crimes si grands qu'ils rendent le pardon impossible.

— Comte de Salisbury, dit la jeune fille, vous avez fait votre devoir, maintenant retirez-vous, et songez à votre blessure; la vie du roi n'est plus en péril : songez à conserver la vôtre, si précieuse à la chrétienté. Malgré vos efforts, la souffrance est peinte sur votre visage; comte de Salisbury, retirez-vous.

— Est-ce un ordre que vous me donnez, belle Rhodonia? demanda le comte en inclinant le front.

— Oui, c'est l'ordre qu'une dame donne à un chevalier.

— J'obéis.

Et Salisbury, appuyé sur le bras de son écuyer, sortit de la tente du comte d'Alençon.

Rhodonia remercia cette docilité par un geste et un sourire charmants.

Enfin, le roi arriva, et toutes les têtes s'inclinèrent, et un grand silence se fit, comme dans les moments solennels où quelque chose de grand va se passer.

Quand l'affaire eut été exposée dans tous ses détails par le comte d'Alençon, le roi dit :

— Nous sommes sur la terre du pardon. Ce mot divin est écrit partout ici avec le sang de Jésus-Christ… Comte d'Alençon, vous donnerez une bonne escorte à ces hommes jusqu'aux limites du camp. Qu'ils aillent annoncer à leur tribu que la vengeance du chrétien, c'est le pardon.

Et le roi, présentant la main à la reine Marguerite, sortit de la tente du comte d'Alençon.

Celui des assassins que Rhodonia connaissait témoigna seul un peu de joie en apprenant son pardon; les autres gardèrent une insensibilité profonde.

— Voyez comme j'avais raison! dit Paul Richard à haute voix; si vous aviez suivi mon conseil, le roi leur aurait pardonné à présent; mais, avant, nous les aurions pendus, et ils ne seraient plus à craindre; tandis que… Allons… il faut exécuter les ordres du roi en aveugle; c'est bien dur quand on y voit clair!

VII

L'OASIS

Arioste a été bien inspiré en commençant son poëme par cette invocation : *Sexe enchanteur, fiers paladins, amour, combats, chevalerie!* Toute la vieille et grande histoire de France est résumée dans ce peu de mots; c'était le vocabulaire de l'époque; en dehors de ces mots, la langue n'avait plus de signification. Elle a progressé depuis sans nous rendre plus heureux. Vues à une si grande distance de nous, les croisades nous apparaissent dans une gravité solennelle et une auréole auguste, qui certes leur appartient, et dont rien ne les dépouillera. Mais au milieu de ces glorieuses expéditions que la sainteté du but rendait si austères à la plume de l'histoire, l'esprit de la France n'a jamais perdu ses droits, et la chronique, en côtoyant l'histoire, nous a transmis une foule d'incidents subalternes, qui prouvent que la France avait emporté avec elle tous ses trésors de jeunesse, de grâce, de gaieté, d'étourderie, et qu'elle ne faisait taire le bruit charmant de ses intrigues et de ses jeux qu'en face de l'ennemi, et sous la bannière déployée de la croix. Alors la France était sérieuse et sublime. Le combat fini, elle ouvrait ses cours d'amour, elle chantait les *sirventes* de ses trouvères, elle donnait ses fêtes seigneuriales, elle se délassait de la guerre dans un tournois, et les peuples sauvages qui la voyaient ainsi passer, tantôt terrible, tantôt charmante, la saluaient par de longs cris d'étonnement et d'admiration.

Aussi, en descendant des sommets de l'histoire aux détails de la chronique, nous ne laisserons pas en oubli, comme d'autres ont fait, un des côtés les plus séduisants de ces expéditions. Nous puiserons toujours à pleines mains dans les détails fournis par les chroniqueurs; les détails seuls permettent de donner une idée bien complète et bien précise du caractère et des mœurs de ce temps, où la foi religieuse, malgré sa ferveur, ne conduisait pas encore tout le monde à l'ascétisme. Les anciens avaient présenté l'histoire sous les traits d'une muse grave, mais quelques sculpteurs grecs ont adouci par un sourire le visage de Clio; ce sont encore eux qui n'ont pas fait *de la mort même une chose sérieuse,* comme dit Chateaubriand.

Paul Richard ne voulut céder à personne la mission d'accompagner les six Ismaïlites aux limites du camp : il fit un signe à ses compagnons et à Emmanuel, et se mit en marche, de l'air d'un homme qui obéit à une pensée ou à un instinct. Arrivé aux dernières tentes, Paul montra aux Ismaïlites la route de Mansourah, et fit avec les siens un mouvement en arrière, comme s'il rentrait au camp. Les Ismaïlites purent être trompés par ce mouvement et s'aventurer dans la plaine en toute confiance. Mais Richard était revenu à la limite du camp, et caché par l'ombre protectrice d'un palmier, à la clarté des étoiles, il suivit longtemps de l'œil les assassins. Quand il les eut perdus de vue, il rejoignit ses compagnons, et d'un geste expliquant toute sa pensée, il ne leur dit que ce seul mot :

— Venez avec moi.

Il était aisé de suivre la marche des Ismaïlites sur un terrain sablonneux, où leurs pieds larges et nus laissaient un sillon délateur. Toute la nuit, Paul Richard continua sa course brûlante en se guidant sur les mêmes vestiges, et quand il s'arrêta, les étoiles pâlissaient à l'orient.

Emmanuel, qui n'avait suivi qu'avec peine le vol de Richard, le rejoignit, et le trouva dans une attitude de réflexion ; les autres compagnons arrivèrent ensuite, haletants de leur course, et attendirent en silence l'ordre du chef.

— Regarde, Emmanuel, dit Paul Richard après une longue méditation, et en lui montrant les vestiges sur le sable : ici les assassins n'ont plus suivi la même route ; cinq ont pris à gauche vers le canal de Rexi ; le sixième s'est détaché seul, et voilà les traces de ses pieds qui se tournent, par la pointe, du côté de l'oasis de Sioujah. Je ne saurais me tromper sur les lieux ; je connais ce terrain comme la rue des Juifs à Paris.

— Alors, dit Emmanuel, puisque tu es sûr, commande ; que devons-nous faire ?

— D'abord, ne pas perdre de temps, dit Paul Richard ; toi, Emmanuel, reste avec moi. Vous autres, reprenez le chemin du camp ; mais comme vous êtes très-fatigués, jetez-vous dans cette branche du Nil comme dans un lit de repos, et laissez-vous porter par l'eau du fleuve jusqu'à Foreskour ; là vous rencontrerez les avant-postes de nos amis les Ribauds. S'ils sont inquiets sur mon compte, vous les rassurerez. Qu'ils attendent là nos ordres ; nous ne sommes plus que deux mille environ ; nous devons donc nous ménager. Paris n'en fait plus comme nous... Allez, mes enfants, je vous recommande à vos anges gardiens.

Paul Richard, toujours obéi comme un roi, se trouva bientôt seul avec Emmanuel.

— Écoute, lui dit-il, profitons encore du peu de nuit qui nous reste, et suivons ces deux pieds qui tournent leurs pointes vers l'oasis suspecte ; lorsque six hommes ont couru ensemble toute la nuit et qu'ils se séparent, c'est le sixième isolé qu'il faut poursuivre ; celui-là est un messager ; il a une idée, un but, une mission. Avant d'aller plus loin, voilà ce qu'il nous importe d'abord de connaître : l'idée et le but de celui-ci. Ne perdons pas un temps précieux. Viens, Emmanuel.

Les deux chrétiens, toujours conduits par les traces du sixième Ismaïlite, arrivèrent, un peu avant l'aube, devant l'oasis de Sioujah, qui, à cette époque, était encore dans la force et la grâce primitives de sa végétation. Des eaux vives, amenées par des aqueducs naturels de granit, impénétrables aux infiltrations du fleuve, y répandaient une fraîcheur délicieuse, et donnaient aux arbres une vie puissante sous les ardeurs d'un climat de feu. Les palmiers, les acacias, les sycomores, les aliziers, les magnolias, les platanes du Jourdain y confondaient leurs nuances, leurs fruits, leurs fleurs, dans une association luxuriante, qui était le charme des yeux, dans une plaine de sable, éblouissant miroir du soleil. Quelques éclaircies de verdure laissaient voir, au centre de l'oasis, des arêtes vives de marbre blanc et de granit rose, qui annonçait la voluptueuse résidence d'un soudan, le harem solitaire, protégé par tous les arbres du tropique contre les regards de l'homme et les rayons du soleil.

— Voici la dernière trace de l'Ismaïlite, dit Paul à Emmanuel. Là, commencent les gazons de l'oasis, et tu vois que les herbes sont courbées. Notre jeune assassin est trop pauvre pour avoir un sérail dans cette oasis ; il va donc rendre compte de son expédition à quelque homme puissant de ce pays, duquel il relève, au soudan peut-être, ou à Abd-el-Fak-Reddin... Oui... c'est cela... je comprends tout maintenant... L'armée de mécréants que nous avons mise en déroute à Damiette s'est repliée derrière cette oasis, du côté de Mansourah. Je connais ces diables de Sarrasins ; ils ne se tiennent jamais pour battus ; si on coupe un Sarrasin en deux, les tronçons se rejoignent et on le retrouve entier le lendemain... S'ils fuient dans la bataille et se dispersent, c'est pour se reformer plus loin et recommencer le combat... Leur général est là, dans cette oasis, et toujours à la tête de son armée. Ce n'est pas le soudan qui habite cette oasis délicieuse ; il est moribond et ne se tiendrait pas aussi près du camp des croisés ; c'est à coup sûr Abd-el-Fak-Reddin ; un démon d'enfer ; un serpent aux écailles d'or, qui vous glisse entre les mains, se jette dans des broussailles de lances et reparaît toujours au moment où on le croit mort... Mon brave Emmanuel, il y a ici un superbe coup à faire...

— Parle, je suis prêt, dit Emmanuel.

— Oh! je parlerai quand il le faudra, reprit Richard ; en attendant, Emmanuel, le jour va poindre, et le soleil est un mauvais associé pour nos aventures ; si je pouvais l'arrêter comme fit Josué dans la plaine d'Ascalon, si je pouvais coudre deux nuits l'une à l'autre, j'avancerais bien mes affaires et celles du roi... Patience! Tout viendra bien, si nous savons attendre. Il faut passer le jour ici, tous deux cachés dans les arbres, comme deux hibous qui attendent la nuit pour y voir clair... Nous avons faim, et voilà, sous la main, un bon repas à faire, avec ces dattes, ces pastèques et ces espèces de cerises, qui sont les fruits du caquier, un déjeuner de roi ; on payerait cela un besant d'or à Paris.

Leur repas frugal achevé, les deux intrépides chercheurs d'aventures se blottirent dans un massif de verdure formé par les végétations croisées des aloès, des nopals, des lentisques, des chênes nains, des lauriers blancs et roses, des genêts d'or. Les deux corps étaient entièrement voilés par le feuillage sombre. Emmanuel ne tarda pas à s'endormir. Quant à Paul Richard, il se ménagea une éclaircie pour tout voir sans être vu, comme une odalisque entr'ouvre deux lames de persienne dans le kiosque d'un harem.

Un large bassin d'eau vive, à rebords de marbre, séparait les deux hommes d'un large escalier, sur lequel de jeunes femmes étaient assises dans une attitude mélancolique. Un pavillon d'architecture moresque se laissait voir au fond, sous des panaches de grands arbres dont la cime se colorait aux rayons du soleil levant de teintes diaphanes, et dont les larges branches inférieures entretenaient sur le bassin un crépuscule éternel. Un murmure charmant de fontaines était le seul bruit qu'on entendît dans cette solitude voluptueuse, où un émir encore inconnu se donnait déjà sur la terre le paradis promis par Mahomet.

Paul Richard se pencha sur l'oreille d'Emmanuel, et lui dit à voix basse :

— Que Dieu me garde ! il me semble que j'ai peur ; un frisson me glace ou me brûle tout le corps... Est-ce que, par hasard, je ferais une mauvaise action sans m'en douter ? Est-ce que ce tableau que nous avons là, sous les yeux, serait un ouvrage du mauvais esprit ?... Oui, tout cela est trop beau à voir ; c'est une tentation de l'enfer... Attends, Emmanuel, tu vas voir comme je vais faire disparaître ce mensonge du diable avec un bon signe de croix.

Richard se signa dévotement, mais le voluptueux tableau ne s'évanouit pas ; il appartenait bien à la terre, et il attirait les yeux pour perdre l'âme. Emmanuel, qui avait cédé à l'invitation de Richard en interrompant son sommeil, ne voulut plus rien voir, et, se retournant, il dit :

— Toutes ces femmes sont chrétiennes ; ainsi, ce sont nos sœurs.

Il prit dans sa poitrine le chapelet de buis qui avait été bénit par le saint-père, et qui ne le quittait jamais, et pria les yeux fermés.

— Voilà un bon exemple que tu me donnes, dit Richard ; je vais faire comme toi.

Un instant après, les eaux du bassin de marbre s'agitèrent, comme si vingt rames les eussont sillonnées dans tous les sens. Par intervalles une poussière humide tombait comme une rosée sur le massif où les deux hommes étaient blottis, et Richard, dans une prière mentale, disait avec ferveur le verset : *Et ne nos inducas...*

Une heure s'écoula ainsi au milieu de ce clapotement perpétuel des deux rives et les deux chrétiens n'osaient ouvrir les yeux ni suspendre leurs prières, de crainte de laisser involontairement tomber leurs regards sur ce tableau enchanteur. Ils avaient deux fois égrené leur rosaire, quand enfin les eaux du bassin reprirent leur calme; on entendit de légers bruits de pieds nus sur l'escalier du pavillon, et Paul Richard, se replaçant, avec une timidité pieuse, à son premier poste d'observation, ne vit plus que des arbres sombres et un bassin désert.

— Il n'y a plus de danger, dit-il à Emmanuel encore recueilli; regarde.

— Ces malheureuses femmes ! dit Emmanuel, comme en terminant à haute voix une pensée non formulée.

— Tu dis qu'elles sont chrétiennes, Emmanuel?

— Oui, Richard... Oh! mon Dieu ! à quoi nous sert notre victoire de Damiette, si des chrétiennes sont encore au pouvoir d'un musulman ?

— Attends, Emmanuel; attends, te dis-je! Si Dieu nous aide, tout ira bien.

Richard étendit la main sur la bouche d'Emmanuel, et lui montra une ombre qui venait de paraître à la porte du pavillon.

Cette ombre, en descendant l'escalier, revêtit une forme humaine : c'était un homme jeune et beau, gracieux et fier dans son allure ; il était vêtu d'une flottante tunique de laine d'une blancheur éblouissante, et coiffé d'un léger turban rouge, bordé de mailles d'or.

— C'est lui! dit Emmanuel; je l'attendais.

— Et moi aussi, répondit Richard du ton d'un homme qui n'est pas étonné de voir se réaliser ce qu'il avait prévu.

C'était Abd-el-Fak-Reddin.

Il descendit l'escalier jusqu'à la dernière marche, et regarda, avec un sourire triste, les eaux encore agitées du bassin. Ce n'était plus le brillant guerrier de la plage de Damiette. Ses traits avaient pris une teinte de mélancolie profonde, et on eût dit qu'il était en proie à une de ces rêveries qui attristent aux heures solennelles l'homme sentimental et poétique d'Orient. Il se promena longtemps sur le rebord de marbre du bassin, comme s'il jouissait pour la dernière fois des splendeurs féeriques de son harem. Enfin il parut s'arracher péniblement à cette comtemplation mystérieuse, et remontant l'escalier avec lenteur, il leva plusieurs fois la tête vers la cime des arbres, comme pour demander l'heure au soleil.

Il disparut ensuite dans l'ombre de la porte, et ne se montra plus.

— Eh bien! dit Emmanuel, voilà un homme que mon poignard cherche depuis deux ans, et, je ne sais pourquoi, je viens de le laisser échapper. Comme cela m'était facile!...

— Au contraire, dit Richard, un assassinat est toujours un crime; tu vois donc qu'il n'est pas si facile de commettre un crime quand on est chrétien comme nous.

— Débora n'a-t-elle pas tué Sisarah? N'as-tu pas lu la Bible, Richard?

— Je ne veux pas juger Débora, reprit Richard; mais puisque tu me dis de lire la Bible, je prendrai un autre passage qui me convient mieux : c'est celui où David entre dans la tente de Saül, et, pouvant le tuer, se contente de lui couper un pan de son manteau. Imitons David et n'imitons pas Débora, qui était une femme. Écoute, Emmanuel, à la bataille de Damiette, je me suis trouvé deux fois devant le cheval de Fak-Reddin, et je te jure que j'ai porté de rudes coups à ce mécréant; et si je ne l'assassine pas aujourd'hui, c'est que j'ai l'espoir de le tuer bravement sur un autre champ de bataille, et à la clarté du soleil.

Emmanuel fit un signe d'adhésion.

— Il s'agit bien d'autre chose maintenant, poursuivit Richard. J'ai mon plan et je ne m'en écarte pas. Il faut que tu me secondes, Emmanuel.

— Je te seconderai, en doutes-tu?

— Tu as l'ouïe délicate, n'est-ce pas? Oui... je m'en suis aperçu. Eh bien! Emmanuel, voyons, quels sont les bruits que tu entends dans le voisinage?

— Il y a tout ici près, à coup sûr, un bouquet de palmiers, c'est comme si je les voyais... j'entends des feuilles très-larges qui se heurtent contre les écorces du tronc toutes les fois que la brise souffle.

— Très-bien!... Après, que peux-tu entendre et deviner encore?

— Après? Attends...

— Là, écoute sous ces voûtes de verdure.

— J'entends un roulement sourd, prolongé, invariable; c'est la voix du Nil. Ce fleuve n'est pas loin.

— A merveille! Emmanuel, on voit que tu as mené la vie du désert, comme moi. Dans les villes les hommes perdent leurs cinq sens; nous les gardons, nous, et nous en gagnons cinq de plus... Emmanuel, s'il n'y avait pas là, devant nous, trente rideaux d'arbres, nous entendrions rouler le Nil avec un grand bruit, car il coule très-près de nous... En te glissant sous ces hautes herbes, et en suivant ces pieds de sycomores, dans la direction du nord, tu arriveras au bord du Nil en quelques instants.

— Je le crois, Richard.

— Ainsi, tu m'as déjà compris? le Nil est la grande route. Pars, tu sais où tu dois rencontrer mes Ribauds : donne-leur mes ordres; il m'en faut cent pour la nuit prochaine; tu me les amèneras jusqu'à une demi-lieue de cette oasis, par des chemins détournés; ensuite, vous remonterez tous le Nil à la nage jusqu'à l'endroit où tu vas te jeter à présent, ici tout près. Le plus à plaindre, c'est moi; j'ai une grande journée d'ennui à traverser jusqu'au retour des étoiles; mais je demanderai à Dieu de m'envoyer le sommeil, qui est la meilleure des patiences. Je dormirai donc en vous attendant, et je vais commencer.

— Adieu, Richard, dit Emmanuel, et sois prudent avant tout; songe que ta vie est nécessaire à tes soldats.

— Ma vie n'est nécessaire à personne, dit Richard en regardant les hautes herbes de sa couche; ma vie ne m'est pas même nécessaire à moi; mais Dieu me l'a donnée, et je la défendrai toujours comme un présent de Dieu.

Emmanuel serra les mains de Paul Richard, et sortit de sa retraite avec des précautions qui auraient pu paraître exagérées, car tout était silencieux et désert aux environs; mais la véritable prudence ne ménage jamais ses ressources, et se plaît à mettre du luxe dans ses moyens de réussite. Tout enlever au hasard à force de prévoyance minutieuse, c'est assujettir le succès comme un esclave. Paul Richard suivait de l'œil Emmanuel et lui témoignait par ses gestes qu'il était ravi de sa prudence. Le jeune chrétien d'Égypte ne hasardait quelques pas à travers les massifs qu'au moment où la brise intermittente agitait les larges feuilles des palmiers, et il s'arrêtait quand le silence retombait dans l'oasis. Parvenu, avec une lenteur méticuleuse, aux bords du fleuve, il regarda autour de lui, et ne voyant aucun être humain, et n'entendant que le chant des oiseaux, il fut rassuré sur la position de son intrépide ami Richard, qu'il abandonnait dans cette dangereuse solitude. Faisant le signe de la croix, il se laissa glisser dans le Nil, et partit avec la rapidité d'une plante fluviale déracinée par le courant de l'eau.

VIII

UNE NUIT DE CE TEMPS-LA

Lorsque Paul Richard se réveilla sur son lit de gazon, la lumière du soleil pénétrait horizontalement, par quelques éclaircies, dans l'alcôve de verdure, ce qui annonçait que le jour arrivait à son déclin. Paul prêta l'oreille aux bruits extérieurs, et n'entendant rien dont il pût s'alarmer, il se leva et vint se placer à son poste d'observation, pour examiner le jardin secret du harem. Le calme des heures du soir régnait dans cette retraite voluptueuse, où les arbustes, les fleurs, les fruits des chauds climats se penchaient de tous côtés sur les eaux limpides, comme une bordure naturelle à mille couleurs.

— Puisque cet endroit est habité, pensa Richard, il est impossible qu'on ne vienne pas bientôt y respirer la fraîcheur du soir, qui doit être bien douce sous ces beaux arbres et devant ces belles eaux.

La réflexion était trop juste; elle se trouva d'accord avec l'événement.

Deux femmes, bientôt suivies de trois autres, parurent au sommet de l'escalier; elles regardèrent quelque temps le jardin sans échanger une parole entre elles, et descendirent jusqu'au bassin. Ces femmes paraissaient appartenir aux plus belles races orientales, et les riches étoffes de leurs costumes, ajustées avec un goût naturel et charmant, rehaussaient encore leur beauté; mais il était aisé de voir, à la tristesse de leurs figures, à la nonchalance de leur démarche, qu'elles se souciaient fort peu de tous ces avantages, et qu'une pensée mystérieuse, cachée au fond de l'âme, les rendait insensibles à tout ce qui fait la joie de la femme dans sa liberté. Si Paul Richard n'avait pas appris de la bouche d'Emmanuel que ces malheureuses prisonnières du harem étaient chrétiennes, il l'aurait deviné tout de suite : aussi ne balança-t-il point à exécuter un plan très-hardi, sans trop réfléchir sur le danger. L'esprit d'audace était au cœur de cet homme, et rien ne lui souriait comme une tentative téméraire dont il entrevoyait le succès.

Les règles de la prudence la plus méticuleuse ne furent pas négligées par Richard ; il examina les environs, et s'assura qu'aucun regard humain, excepté le regard d'une chrétienne captive, ne pouvait voir ce qui allait être fait. Ses précautions prises, il coupa deux tiges de cactus et en fit une croix, surmontée d'une couronne d'épines ; puis il se mit à ramper jusqu'aux derniers arbustes du massif. et, sans se montrer, il étala le signe du chrétien sur un terrain découvert. Un instant après, deux cris de surprise, soudainement réprimés, retentirent dans la solitude, et Paul, jetant les yeux du côté du bassin, à travers de larges feuilles rampantes qui voilaient sa tête, vit sur la figure des femmes un étonnement sans pareil. Elles étaient debout, immobiles, les mains jointes, les lèvres agitées par la prière et attendant, sans doute avec une confiance religieuse, ce qu'un tel miracle devait opérer en leur faveur.

Le temps était précieux ; Paul leva sa tête du

milieu des herbes, mit un doigt sur la bouche et fit le signe de la croix ; les cinq femmes, qui ne redoutaient rien du dehors, et attendaient de Dieu un prodige sur la terre des prodiges divins, comprimèrent avec peine leur joie après la surprise ; elles s'avancèrent jusqu'aux bords d'un fossé large et profond, qui défendait le harem contre les bêtes et les hommes fauves, et elles étudièrent ainsi de plus près les signes que leur adressait Paul Richard : la parole est moins claire que la pantomime dont il se servait en ce moment.

— Ne témoignez aucune joie, leur disait-il ; la nuit prochaine, les soldats de la croisade viendront vous délivrer. Annoncez cette nouvelle à vos compagnes, et tenez-vous prêtes à nous suivre au camp du roi.

Une des femmes montra le large fossé à Richard, comme un obstacle à l'entreprise : mais il laissa tomber sur l'obstacle un sourire et un geste si railleurs, que le fossé parut comblé au niveau du sol. Il est vrai de dire que Richard ne savait pas encore comment il le comblerait ; il comptait sur la spontanéité de ses expédients dans les moments décisifs.

Cette scène fut vive, et ne dura qu'un instant, car des deux côtés on craignait l'intervention soudaine de quelque témoin. Les femmes se retirèrent de ce pas nonchalant dont elles avaient pris l'habitude, et Paul Richard, après avoir donné un dernier coup d'œil au fossé, rentra dans son asile pour y attendre la nuit et ses compagnons.

A la faveur du crépuscule, qui dure si peu dans ces climats, Paul assista bientôt à une nouvelle scène qui le foudroya de surprise. Les femmes s'étaient retirées au coucher du soleil ; le jardin secret du harem avait repris son calme sombre, et déjà Richard songeait à tenter une exploration pour découvrir le côté vulnérable de la place, lorsque la porte du pavillon s'ouvrit ; une escouade d'hommes armés descendit l'escalier, et s'éparpilla dans le jardin ; à chaque issue et le long du fossé, on plaça des sentinelles comme sur le rempart d'une ville menacée par l'ennemi.

Ces préparatifs de défense firent supposer un instant à Richard qu'il était découvert et trahi, car, en arrivant le matin avec Emmanuel, il n'avait vu aucune sentinelle dans le jardin secret du harem ; mais à force de réfléchir pour trouver une raison de se rassurer, il pensa que cette vigilance intérieure n'était qu'une chose d'habitude, et que ces sentinelles ainsi placées au tomber de la nuit se retiraient au point du jour. Elles avaient dû être relevées le matin avant son arrivée. Richard avait en horreur les inquiétudes et les problèmes offerts par les situations périlleuses, et il embrassait tout de suite le moindre motif raisonnable qui pouvait rendre la sérénité à son esprit.

Cependant les heures de la nuit s'écoulaient avec cette lenteur que leur donne une attente fiévreuse ; Richard regardait les grandes constellations, toujours immobiles au même point, sur la cime des arbres, et paraissant avoir oublié de descendre vers l'occident. L'impatience ôte à l'esprit le sentiment de la perception des heures écoulées, et lorsqu'une légère brume, montant du Nil, voilait un instant les étoiles, Richard croyait voir blanchir les premières teintes de l'aube, quoique la nuit n'eût fait que la moitié de son cours. Alors, les conjectures les plus alarmantes arrivaient en foule, et Richard pleurait déjà la mort d'Emmanuel et de ses braves soldats.

— S'ils vivaient, ils seraient ici ! se disait-il.

Et son oreille se penchait du côté du fleuve pour recueillir un murmure humain au milieu des harmonies de la nuit.

Enfin le murmure attendu se glissa comme un rayon d'espoir à travers le frémissement des feuilles et le chant monotone des insectes du buisson ; l'écho formé par les larges et solides massifs de sycomores révéla quelque chose de mystérieux qui se passait au bord du fleuve et contrariait les habitudes éternelles des nuits de l'oasis. Paul Richard se glissa comme un reptile dans les hautes herbes, et, se relevant à une certaine distance, il courut vers le Nil, et trouva Emmanuel et ses compagnons déjà descendus sur la rive, tous armés de longues épées musulmanes, pour accomplir leur chevaleresque expédition.

Richard commanda le silence, et fit le signe qui veut dire : « Suivez-moi, et faites ce que je ferai. » Son plan d'attaque était arrêté depuis longtemps : il s'agissait de se servir des rameaux des grands arbres comme d'un pont pour franchir le fossé, et de choisir le passage dans un intervalle de terrain qui ne serait pas gardé par les sentinelles du harem. L'intrépide chef se fit donner une épée, la suspendit à son cou, par une lanière de cuir, et grimpa sur un alizier dont les racines descendaient dans le fossé, et dont les branches flottaient par leurs extrémités flexibles sur le jardin du sérail. Emmanuel imita Richard, et les soldats se tinrent prêts à suivre leur chef sur les ponts de verdure suspendus devant le fossé. Pour ces hommes, pleins de courage, d'agilité, de souplesse, cette escalade ne fut qu'un jeu ; en un clin d'œil ils envahirent le jardin, et jetèrent une telle épouvante dans la garnison, que les sentinelles presque endormies n'osèrent proférer un cri d'alarme ; on les désarma, et elle se mirent en silence à la suite de Paul Richard.

Pendant cette nuit, les yeux des femmes du harem ne s'étaient pas fermés ; tout ce qui venait de se faire avait été vu de l'intérieur. La porte du grand escalier s'ouvrit, et les odalisques chrétiennes, au nombre de vingt-huit, nous dit l'historien auquel nous empruntons ces détails, toutes portant une petite croix d'ébène suspendue sur le sein, descendirent en priant à voix basse, et vinrent se placer sous la protection des soldats chrétiens.

A l'exemple de Richard, les Ribauds fléchirent le genou devant ces femmes, pour leur montrer tout de suite, par cette attitude respectueuse, qu'ils étaient dignes de la confiance que des chrétiennes malheureuses témoignaient à des hommes inconnus. Les rangs se formèrent avec ordre : on plaça les femmes au centre, et, d'après les indications des sentinelles prisonnières, Paul Richard suivit le sentier qui bordait le palais de Fak-Reddin, et conduisait au pont qui servait de porte à l'oasis enchantée.

Le bruit des pas de cette troupe étant amorti par les hauts gazons comme par un tapis, aucun bruit ne troublait le silence de la nuit sous les kiosques du palais et les meurtrières d'un donjon où dormaient les soldats de la garde de Fak-Reddin. On arriva ainsi à la herse de sortie, où quatre sentinelles furent encore surprises et désarmées avec autant de bonheur que les premières. Les palanquins du harem furent retirés d'un vaste hangar ; on y plaça les femmes, et les prisonniers musulmans n'étant pas assez nombreux pour faire le service de porteurs, tous les soldats de Richard s'offrirent de bonne volonté pour cette corvée pénible ; les plus robustes et les plus agiles furent choisis. Le gardien de la herse, profondément endormi sous la garantie des hommes de garde, se réveilla tout stupéfait à l'ordre muet, mais impérieux, tombé sur son épaule du poing bronzé de Richard, et ouvrit à la caravane la porte du désert. L'heure était encore très-favorable ; aucune étoile ne pâlissait à l'horizon céleste du levant.

Paul Richard et Emmanuel marchaient en tête, ouvrant leurs oreilles à tous les bruits de la route, et leurs yeux sur tous les objets suspects. Emmanuel, qui connaissait le pays et qui redoutait de rencontrer quelque bande de maraudeurs musulmans ou de fuyards retardataires échappés à la bataille de Damiette, fit abandonner la route de Mansourah, et, prenant les étoiles pour guides, il conduisit la troupe dans des solitudes où les pas d'aucun homme n'avaient été encore imprimés à cette époque. Au lever du soleil, on était déjà bien loin de l'oasis de Fak-Reddin.

La caravane allait au pas de course ; Paul Richard donnait lui-même ce mouvement de marche pour arriver, disait-il, au but du voyage avant les grandes ardeurs du jour. Cette bonne raison excitait même le zèle des porteurs, et les palanquins couraient sur la route du désert comme s'ils eussent été emportés par des chevaux. On apercevait déjà dans le lointain les lignes sombres d'un coin du Delta et les plages immenses qui s'étendent d'un horizon à l'autre, et que creusent les cent bras du Nil dans le voisinage de la mer.

— Allons ! mes amis, dit Richard, encore un effort, et nous sommes au bout !

La caravane, qui n'avait plus rien à redouter, rentra dans la grande route tracée qui conduisait à Damiette ; on aperçut bientôt les tours de cette ville et les maisons de plaisance qui l'environnaient. Emmanuel, montrant à Richard des arbres superbes qui s'élevaient au-dessus des murs d'un vaste jardin, lui dit :

— Voilà la belle maison de campagne du riche Agelastos ; c'est un marchand grec que les infidèles ont persécuté avec acharnement, parce qu'il était chrétien ; Fak-Reddin s'était emparé de ce domaine, et y avait établi son harem ; la maison est déserte aujourd'hui, et comme les chrétiens l'ont conquise, elle est à nous, et nous pouvons nous y arrêter quelques heures avant de nous rendre au camp.

— Mais, dit Richard, je connais Agelastos ; il est avec les croisés. Ainsi, cette belle maison de plaisance a retrouvé son propriétaire. C'est fâcheux, car volontiers je m'en serais fait acquéreur en passant.

Et comme ils longeaient le mur de la maison d'Agelastos, ils aperçurent sur la corniche du portail ouvert la bannière de la croix.

— Voilà notre hôtellerie ! s'écria Richard, je la reconnais à l'enseigne. Venez, mes amis, entrons.

La caravane traversa une longue avenue de vieux cyprès, et Paul Richard, qui marchait en tête, reconnut, sous une treille chargée de fruits, Agelastos et sa famille déjà installés dans leur ancienne demeure, grâce à la victoire de Damiette et à la bonté du roi.

— C'est moi ! c'est moi ! ce n'est rien ! ne vous dérangez pas ! cria le chef des Ribauds ; c'est Paul Richard, ne vous dérangez pas.

Au bruit que fit cette entrée, une soixantaine de soldats anglais, débris glorieux d'un plus grand nombre, se levèrent au milieu des herbes, comme des sentinelles surprises, et mirent l'épée à la main.

Tous les compagnons de Richard firent le signe de la croix : c'était le mot d'ordre permanent, et les armes rentraient dans les fourreaux, et les mains serraient les mains.

Agelastos, sa fille Rhodonia et quelques soldats anglais reconnurent tout de suite Paul Richard sous son costume dévasté ; on lui fit fête, comme à un héros, et lui, s'inclinant devant les cheveux blancs d'Agelastos, lui dit :

— En entrant ici, j'ai vu une scène de la Bible ; rien ne finit dans ce pays ; on y voit toujours les mêmes patriarches entourés des mêmes familles. Père Agelastos, dites à votre Éliézer de préparer des tentes pour des captives que je ramène des bords de l'Euphrate, où elles ont pleuré trop longtemps.

Les porteurs avaient déposé les palanquins dans l'avenue de cyprès; mais les rideaux fermés étroitement cachaient toujours les jeunes chrétiennes de l'oasis, et aucune main, pas même celle d'Emmanuel, n'osait ouvrir ces écrins, plus précieux que ceux d'Ophir ou de Thulé.

En quelques mots, dits à voix basse, Richard expliqua tout à Agelastos. Le vieillard, se levant avec la vivacité de la jeunesse, appela les femmes de sa famille, et leur confia leurs sœurs chrétiennes, enlevées par la hardiesse de Richard au pouvoir du jeune chef des musulmans.

Pendant que les devoirs de la plus touchante hospitalité s'accomplissaient, loin des regards profanes, dans la maison d'Agelastos, le vénérable vieillard disait à Paul :

— Voyez comme le ciel m'a bien inspiré ! Ce matin, je viens reprendre possession de mon domaine, pour mieux soigner dans cet air si pur la blessure du comte de Salisbury, et Dieu m'envoie ces pauvres chrétiennes quelques heures après.

— Père Agelastos, répondait Richard, l'homme ne sait jamais où il va, mais Dieu sait toujours où va l'homme. Est-ce qu'il faut attribuer au hasard ou à mon adresse mon heureuse expédition de cette nuit ? Non, et cent fois non. Il y a, voyez-vous, du côté du Liban, un monde nouveau qui se crée ; il y a toujours dans ces hautes vallées des paradis terrestres, il y a des Adam et des Ève, il y a un avenir de France chrétienne et agricole. Le travail sera long et dur, mais l'œuvre se fera. Eh bien ! il nous faut ces femmes fortes dont parle l'Évangile pour fonder cette petite France du Liban ; il faut que les races vigoureuses se croisent entre elles dans des mariages bénis par le soleil de Jérusalem, et la colonie grandira, et l'hysope deviendra cèdre, comme dit Salomon. Voilà pourquoi la main d'en haut m'a choisi, moi, un atome, un ver de terre, et m'a conduit à l'oasis de Sioujah, chez ce mécréant de Fak-Reddin... Tenez, père Agelastos, vous ne me comprenez peut-être pas bien en ce moment, mais vous verrez comme l'avenir rendra clair ce que je vous dis; et puis, je ne dis pas tout, j'ai un secret que je garde en moi, et si Dieu me fait survivre encore à deux ou trois batailles comme celle de l'autre jour, je comprendrai que Dieu approuve ma résolution secrète et je marcherai dans un autre chemin.

Le vieillard donna un sourire aux paroles de Richard, et lui dit :

— Vous venez de faire une bonne action, et je crois sans peine que vous ne vous arrêterez pas là. Dieu bénira votre entreprise. Maintenant, venez prendre un peu de repos...

— Du repos? interrompit Richard. C'est impossible! Je vous remercie de la bonne et franche hospitalité que vous accordez à mes cent compagnons qui sont ici, mais les autres, mes autres enfants, qui sont de l'autre côté de Damiette, me demandent depuis deux jours ; ils ne savent où je suis, je vais les revoir : la bataille m'en a dévoré deux mille, et si je n'ai pas encore eu le temps de pleurer les morts, il faut que je trouve une heure pour consoler les vivants. Dieu vous garde, père Agelastos ; bientôt nous nous reverrons ici.

Peu d'instants après, Richard suivait, au grand soleil, la rive du fleuve qui le conduisait au camp de ses compagnons.

Richard ne révélait jamais que la moitié de ses pensées ; en ce moment, il éprouvait sans doute le désir bien naturel de revoir ses soldats, mais l'empressement qu'il mit à se séparer si vite d'Agelastos aurait pu faire deviner à un plus clairvoyant l'autre moitié de la pensée de Richard.

IX

UNE COUR D'AMOUR A DAMIETTE

Il y a des victoires qui affaiblissent une armée comme une défaite : aussi le roi de France, malgré la sainte ardeur qui le poussait en Syrie, après sa victoire de Damiette, donna un long repos à ses troupes, pour attendre que tous les blessés fussent rétablis, et leur nombre, disent les historiens, était effrayant. Cette grande famille amenée de France en Egypte excitait jour et nuit la sollicitude de Louis : le roi était la sentinelle de son armée, et jamais père ne veilla avec tant de prévoyance aux intérêts de ses enfants. Les mosquées et les palais de Damiette échappés à l'incendie furent bénits par le cardinal légat, et devinrent des hospices chrétiens, où le roi allait chaque jour s'assurer si rien ne manquait aux blessés de la grande victoire du Nil.

Au milieu des fêtes, des jeux, des tournois, des cérémonies pieuses qui venaient distraire à toute heure les chrétiens de leur inaction forcée, un bruit se répandit que Raoul de Nesle avait commis un de ces actes de félonie dont les cours d'amour se rendaient les juges, et qui étaient fort rares à ces époques de haute courtoisie, où la commune devise des chevaliers se résumait ainsi : *Gloire à Dieu, los aux dames!* Avec les progrès de la civilisation, il nous serait fort difficile aujourd'hui d'apprécier à sa juste valeur le crime de Raoul de Nesle et de comprendre l'indignation qu'il excita chez les chevaliers.

En quelques mots, nous exposerons le fait.

Le comte d'Offremont avait été blessé, comme nous l'avons vu, à la bataille de Damiette, sous les yeux du roi, et Louis, pour récompenser le dévouement et la bravoure de ce chevalier, lui avait donné asile sous les tentes royales, en le confiant à son propre médecin. La jeune et belle comtesse d'Offremont, descendue de son vaisseau en apprenant la blessure de son mari, avait été accueillie par la reine, et ne quittait plus le quartier des princesses qu'aux heures du soir, pour aller respirer la fraîcheur aux bords du Nil. Ce fut dans une de ces promenades solitaires que Raoul de Nesle, épris, à l'insu de tous, d'une vive passion pour la jeune comtesse, l'aborda fort timidement, et lui récita quatre vers où il était question d'Apollo, de Cupido et de Daphné.

La comtesse d'Offremont poussa un cri et prit la fuite; mais, par malheur pour Raoul, elle ne fut point changée en laurier, et, encore tout émue de l'audace d'Apollo, elle raconta hautement le crime aux princesses et aux chevaliers qui se trouvaient alors sous les tentes du roi. La nouvelle se répandit aussitôt dans le camp; elle fut même annoncée à Louis, qui se montra le plus tolérant de tous; mais sa bonté royale ne put arrêter le cours de la justice; le trône lui-même s'inclinait devant la puissance des cours d'amour.

Deux hérauts d'armes, revêtus de leurs dalmatiques, parcoururent la ville et le camp, et annoncèrent, au son des trompettes, que la cour d'amour, présidée par la reine, serait tenue à Damiette, dans les jardins du palais du soudan, une heure avant le coucher du soleil.

Au même instant une nouvelle plus grave arrivait aux oreilles du roi; les émissaires lancés sur les routes du Caire et de la Syrie annonçaient que l'armée musulmane battue à Damiette se ralliait, grossie de nouveaux auxiliaires qui arrivaient de toutes parts; Fak Reddin avait reparu à Mansourah et s'apprêtait à tomber sur les chrétiens, pour frapper un coup décisif. Le roi ne voulut point suspendre la cour d'amour; il se contenta de retenir auprès de lui Joinville, le comte d'Alençon, Baudoin de Reims et le comte de Jaffa.

— Messeigneurs, leur dit-il, nous n'avons que faire ici; montons à cheval et poussons une reconnaissance sur la route de Mansourah. Je veux laisser croire au sire Raoul de Nesle que j'ignore son crime; il serait trop malheureux.

Le roi et les quatre illustres seigneurs montèrent des chevaux arabes que la victoire leur avait donnés, et, suivis d'une nombreuse escorte d'écuyers, ils disparurent bientôt dans un nuage de poussière. Placé par Louis aux avant-postes, le grand maître des arbalétriers, Thibault de Montléard, veillait sur le camp français, et tout était prêt pour repousser une surprise d'attaque si elle avait lieu.

La cour d'amour s'était assemblée dans les jardins retirés du palais abandonné par le soudan. Sur une haute estrade ombragée de riches tentures, les princesses et les nobles dames qui avaient suivi l'armée occupaient les siéges du tribunal; la reine présidait.

Raoul de Nesle se présenta sans armes, tête nue, les yeux baissés, et se tint debout au pied de l'estrade, pour écouter respectueusement la lecture de son acte d'accusation.

On ne lui demanda pas s'il niait ou s'il avouait son crime, comme on fait aujourd'hui dans les tribunaux : une pareille question eût été une insulte pour la noble comtesse d'Offrement, plaignante; une grande dame qui accusait ne pouvait mentir. Un accusé en cour d'amour était un coupable; il ne s'agissait plus que de peser le crime pour en extraire le plus équitable des jugements.

La comtesse Hélène de Longueval, qui devait

porter la parole contre Raoul et jouer le rôle de ministère public, donna d'abord lecture de tous les articles du *Code des cours d'amour :* nous nous bornerons à en citer quelques-uns, pour donner une idée de cette belle législation éminemment française et si supérieure au code civil :

La viduité biennale est prescrite à l'amant qui survit à l'autre.

Qui n'est pas discret ne peut aimer.

L'amour ne doit jamais s'établir dans le domicile de l'avarice.

La probité est la condition indispensable de l'amour, etc., etc.

L'article en vertu duquel Raoul de Nesle était cité à la cour est ainsi conçu :

On ne doit pas aimer celles qui ne peuvent se marier.

Ce code brille par une clarté de mots et d'idées qui supprime cet éternel conflit d'interprétations que tous les autres codes font naître entre les juges, les plaideurs et les avocats. Il n'y aurait plus de jurisconsultes si toutes les lois étaient aussi limpides. Le code des cours d'amour, œuvre collective des plus nobles dames du règne de

Philippe II, fut promulgué par la reine Blanche, au château de Montargis.

Hélène de Longueval soutint avec éloquence l'accusation contre Raoul de Nesle.

— C'est parce que nous sommes sur la terre étrangère, dit-elle en terminant, que les nobles chevaliers doivent obéir plus austèrement que jamais aux lois saintes de la courtoisie française : c'est parce que nous sommes dans un pays où la religion avilit la femme que les chevaliers chrétiens doivent montrer partout le respect de la femme. Ce que la justice tolérante de notre tribunal excuserait peut-être en France doit être puni et flétri avec rigueur en Orient. Si tant de nobles dames ont suivi la reine au delà des mers; si elles ont bravé les fatigues et les périls d'un long voyage; si elles ont quitté l'ombre douce de leurs vieux manoirs pour entendre le terrible choc des batailles, c'est qu'elles ont pensé que leur présence au milieu des camps serait utile au maintien des lois augustes de la chevalerie, et qu'aucun défenseur de la croix n'oserait les enfreindre tant qu'il y aurait une dame à côté de l'étendard français.

La foule applaudit avec transport Hélène de Longueval, et les juges se retirèrent sous une tente voisine pour délibérer.

En ce moment, de longs cris d'alarme retentirent sur la rive du Nil ; des nuages de poussière, chassés par le kamsin, passèrent sur la ville, et la furie du vent ébranlait le dôme des arbres et le voile des tentures qui abritaient le tribunal. Des fanfares de trompettes éclataient aux avant-postes comme si l'ennemi eût attaqué le camp ; on voyait passer comme des éclairs les cavaliers qui portaient des ordres, et les soldats qui couraient prendre leur rang de bataille sous la bannière de la croix.

Dans la vaste enceinte du tribunal, personne ne quitta sa place. Les chevaliers mirent l'épée à la main pour défendre les dames en cas d'attaque, et ils attendirent ce que Dieu réservait à l'histoire de ce jour.

Un grand silence se fit ; la reine rentra la première ; elle était calme et sereine, comme si elle eût rendu la justice derrière les hautes murailles du château de Clisson. Les princesses et les dames de la cour d'amour paraissaient aussi uniquement absorbées par la religion de leur devoir de juges suprêmes. Le cri : *Aux armes!* retentissait de tous côtés : la tempête du désert mêlait ses rugissements aux voix des hommes ; une atmosphère de flamme brûlait toutes les poitrines, comme si l'incendie descendait du ciel sur les ailes du vent abyssin.

La reine Marguerite se leva, et toutes les têtes s'inclinèrent avec respect.

— Raoul de Nesle, écoutez et obéissez, dit-elle d'une voix forte : vous avez forfait aux lois de la courtoisie ; vous avez outragé une noble dame, l'épouse du vaillant comte d'Offremont, qui vient de verser le sang de ses veines pour la sainte cause de Dieu ; et, en expiation de cette faute, voici ce que commande la cour d'amour, siégeant à Damiette, dans les jardins du soudan.

Raoul de Nesle mit un genou en terre, et, la tête baissée, il attendit son arrêt.

La reine poursuivit en ces termes :

— Raoul de Nesle, lorsque toutes les épées se lèveront pour combattre l'ennemi, la vôtre ne sortira pas du fourreau, et vous resterez au camp comme les hommes de peine et les varlets. Ainsi le veut notre cour d'amour.

La reine, suivie des juges, rentra tout de suite après cet arrêt, et tous les chevaliers présents, Raoul excepté, crièrent : *Aux armes!* et sortirent précipitamment des jardins, en agitant leurs épées dans la direction du désert.

Deux hérauts d'armes ramenèrent Raoul de Nesle, en lui répétant trois fois l'arrêt que venait de prononcer la cour d'amour.

Sur toute la ligne du camp, les croisés étaient debout et armés; le roi, à cheval et tout couvert de poussière, courait dans les rangs, l'épée à la main, et disait aux chefs :

— Dieu nous livre l'ennemi une seconde fois !

X

LA MAISON D'AGELASTOS

Dans la matinée de ce jour qui vit enlever les chrétiennes captives dans l'oasis de Sioujah, le jeune émir Fak-Reddin rentra au harem et le trouva désert. Il avait passé la nuit à cheval pour se rendre compte des forces de son armée, ralliée aux environs de Mansourah, et cette inspection venait de lui prouver qu'il n'était pas encore en état de livrer une seconde bataille. Cependant, comme le rapport que lui avait fait le sixième Ismaïlite de la secte des Assassins l'obligeait à tenter un coup hardi du côté de Damiette, il amenait avec lui mille cavaliers d'élite, dont l'audace et l'agilité incroyables pouvaient mener à bien la plus aventureuse des expéditions.

La surprise et la colère de Fak-Reddin ne peuvent s'exprimer lorsqu'il trouva son harem désert, et cette découverte foudroyante ne fit que hâter l'exécution du projet hardi conçu la veille. Appelant à lui l'Ismaïlite :

— Encore une fois, lui dit-il, je t'ordonne de me jurer sur la loi du Prophète que tu as vu la famille du Grec Agelastos au camp des chrétiens. Ta tête tombera si tu mens à ton maître.

L'Ismaïlite jura de l'air d'un homme qui dit la vérité, et ne redoute rien de l'avenir.

Fak-Reddin se promit bien alors de tirer une terrible vengeance de la dévastation de son harem, et ne douta pas du retour de la famille Agelastos et de Rhodonia dans la maison de campagne, leur ancienne propriété. Un vieux général aurait craint de compromettre l'avenir d'une guerre dans une pareille expédition ; mais le jeune émir, plein de confiance dans son audace et l'agilité de ses chevaux, n'écouta que la voix de ses passions ardentes, et se précipita dans les tourbillons de sable et de flamme qu'élevait aux nues son puissant auxiliaire, le kamsin du désert.

Cependant le roi, qui était sorti du camp avec cinq chevaliers, et courait sur la route de Syrie, apprenait par ses éclaireurs une nouvelle fausse et vraie à la fois. Les débris de l'armée, disaient-ils, sont ralliés à Mansourah, et le camp des chrétiens sera attaqué le jour même. Le roi s'était donc replié sur Damiette; le cri : « Aux armes! » avait retenti sous les tentes; les blessés mêmes accouraient de toutes parts à leur rang de bataille, pendant que la reine tenait paisiblement sa cour d'amour.

Le vent de flamme qui soufflait du désert était un ennemi plus terrible que Fak-Reddin, et pour la première fois les chrétiens sentaient leur ardeur défaillir après le premier élan, et, fléchissant sous le poids des armures, ils étaient sourds à la voix des chefs de Louis.

A une distance malheureusement trop grande du camp, les sentinelles anglaises de la maison d'Agelastos poussèrent le cri d'alarme en voyant luire des lances et des épées dans la poussière du kamsin. Etendu sur sa couche, Guillaume de Salisbury entendit les cris de ses soldats, et se revêtant de son armure, il s'élança sur son cheval, l'épée à la main, pour défendre seul, avec quelques soldats, cet avant-poste de chrétiens. Les femmes, Rhodonia en tête, s'enfermèrent dans une galerie dont les balcons s'ouvraient sur le Nil, toutes prêtes à se jeter au fleuve si l'ennemi envahissait la maison.

Guillaume de Salisbury, à la tête de soixante hommes, regardait la route du camp, pour voir si quelque secours n'arrivait pas miraculeusement de ce côté; mais le kamsin avait tendu partout ses voiles de sable et de feu; il n'y avait plus de perspective, plus de route, plus d'horizon.

Les haches des cavaliers de Fak-Reddin retentissaient déjà sur la porte des jardins d'Agelastos ; on entendait les hurlements des Arabes, le vol de la cavalerie, le cliquetis des armures de fer, et la tempête rendait ces bruits plus formidables encore, et semblait accourir aussi du fond des déserts pour combattre les chrétiens.

La porte des jardins s'écroula, et un bouclier d'or rayonna dans la poussière comme le soleil quand il se lève sur un horizon assombri par le kamsin : c'était l'émir Fak-Reddin. Guillaume de Salisbury l'avait tout de suite reconnu à son armure ; mais la longue épée du chrétien ne pouvait arrêter l'émir qu'emportait le vol de ses Arabes; en un instant le flot des infidèles envahit les jardins : Salisbury mit pied à terre, et, se glissant à travers les chevaux, avec des efforts héroïques et des coups d'épée de géant, il cherchait le bouclier de l'émir, qui se montrait et disparaissait dans les éclaircies ou les ténèbres de ce jour mêlé de nuit. Tout à coup des cris de joie et de secours dominèrent les rugissements de la tempête, et Salisbury reconnut des acclamations françaises parties du côté du Nil. Paul Richard arrivait avec les siens, une légion de démons baptisés, renversant tout, jouant avec la bataille, riant à la mort, et méprisant tout ce qui portait un nom ennemi. Les chevaux arabes se trouvèrent bientôt engagés par les pieds dans un tourbillon de reptiles, et n'obéirent plus aux freins des cavaliers musulmans; les épées des soldats de Richard couraient, comme des faux de moissonneurs, sous le ventre des chevaux et les abattaient sur les gazons; Paul Richard était partout, multipliant ainsi son courage, son adresse et les éclats stridents de sa voix. On entendait un cri dans tous les rangs, et c'était le cri de Richard.

— Voici le roi! voici le roi Louis! il arrive avec cent mille chrétiens! Tenez ferme, mes amis, que le roi vous trouve debout!

Guillaume de Salisbury avait rencontré Fak-Reddin; l'émir, tombé de cheval, combattait à pied, et renversait à coups d'épée les soldats de Richard. Le chevalier anglais, guéri de sa blessure par la fièvre du combat, vint se heurter contre l'armure de Fak-Reddin, et le choc de deux blocs de fer annonça qu'un duel formidable s'engageait entre les deux plus vaillants guerriers des deux nations. Leurs épées tournaient, s'abaissaient, se redressaient, conduites par des mains robustes et des yeux infaillibles, qui les poussaient de bas en haut, ou horizontalement, comme les losanges de la foudre, en cherchant un défaut d'armure, une distraction de bouclier, une maille élargie dans la cotte ou la visière, pour faire entrer la mort à la pointe de l'acier de Damas. Salisbury, qui sentait ses pieds fléchir, ranima dans un suprême effort toute l'énergie de sa convalescence, et porta horizontalement à la gorge de Fak-Reddin un coup si terrible et si bien dirigé, que l'émir chancela comme un arbre touché par le tonnerre ; mais la forte trempe de l'armure résista au coup, et brisa la pointe de l'épée anglaise.

Aussitôt, par un mouvement de riposte, aussi prompt que l'éclair, Fak-Reddin allongea son bras et son épée, et renversa le comte de Salisbury. Mais ce triomphe ne fut pas long ; déjà la moitié des Arabes, croyant voir arriver la grande armée du roi, avaient pris la fuite, et Fak-Reddin, témoin du découragement de ses soldats, s'élança sur un cheval libre pour les ramener au devoir par des gestes et des cris. La peur n'écoutait plus. Les soldats de Richard faisaient un si effroyable tumulte qu'on eût dit, en effet, que toute la chrétienté accourait en armes au secours du comte de Salisbury, si bien que Fak-Reddin lui-même crut à une attaque générale du côté des Français, et, pressant de ses genoux les flancs de son cheval, il suivit les fuyards pour ne pas tomber vivant au pouvoir des ennemis, et leur préparer quelque chose de plus terrible que Damiette dans les plaines de Mansourah.

Dans cette expédition, l'émir perdit trois cents hommes et autant de chevaux. Paul Richard ne compta parmi les morts qu'un très-petit nombre des siens. Guillaume de Salisbury avait été renversé par un coup, et non par une blessure ; ce brillant chevalier anglais remplaçait, disait-on, à cette croisade, le comte de Toulouse, *sans cesse abattu, sans cesse relevé*. Il y a eu beaucoup de destinées militaires comme celle-là, et ce sont les plus chères à la plume du poète et de l'historien.

— Cela vous prouve, dit Paul Richard à Agelastos, que cet endroit n'est pas bon, et qu'il faut déménager au plus vite, comme des locataires qui trouvent le loyer trop onéreux.

— Commandez, dit Agelastos, et tout le monde obéira.

— L'ordre ne doit pas venir de moi, reprit Richard ; quand le noble comte Guillaume de Salisbury a mis son drapeau sur une tente ou sur un toit, lui seul a le droit de commander. Cependant, père Agelastos, vous avez le droit, vous, de donner un conseil au comte de Salisbury.

Le vieillard fit un signe d'adhésion, et se rendit auprès du chevalier anglais, qui reçut le conseil, le trouva sage et en fit un ordre de départ.

— A Damiette! à Damiette! crièrent Paul et les siens.

Agelastos entra seul dans la galerie où étaient les jeunes femmes chrétiennes avec sa fille Rhodonia, et il leur dit :

— Mes chères filles, Dieu veille sur vous; deux ennemis viennent de disparaître à la fois, comme par miracle, Fak-Reddin et le vent du feu ; nous allons vous conduire à Damiette, où vous verrez la reine Marguerite, qui est la sœur de toutes les femmes chrétiennes, et le roi de France, qui est le protecteur de nous tous.

Les jeunes femmes répandirent des larmes de joie et s'apprêtèrent à suivre Agelastos au camp des chrétiens ; elles prirent place en tête de la caravane, et comme elles passaient entre les deux rangs des soldats de Richard, celui-ci dit à Emmanuel :

— Eh bien! as-tu reconnu la tienne maintenant dans le nombre?

— Hélas! non, dit Emmanuel d'un air sombre; elle a sans doute suivi l'exemple de tant d'autres chrétiennes.

— Quel exemple? demanda Richard.

— Elle a mieux aimé mourir, répondit Emmanuel avec des larmes dans sa voix.

— Pauvre fille ! dit Richard.

Et après une pause, il ajouta :

— Rien ne m'ôtera de l'idée que la femme que je dois épouser vient de passer devant moi.

— La connais-tu déjà? demanda Emmanuel.

— Non, Emmanuel ; je prierai madame la reine de me la choisir.

On se mit en marche pour Damiette, où on arriva dans la nuit.

La reine était déjà instruite des événements de ce jour ; elle demanda que les jeunes chrétiennes fussent introduites auprès d'elle, pour leur faire elle-même l'honneur de sa royale et gracieuse hospitalité. Agelastos conduisit au palais ces jeunes héroïnes de l'oasis de Sioujah et quand elles parurent, un murmure d'admiration s'éleva parmi les chevaliers de la cour ; on les trouva fort belles, même dans le voisinage de la reine Marguerite, qui était d'une *beauté si loyale et si fine*, comme le dit l'historien Guillaume de Nangis.

XI

LE GRAND SEIGNEUR ET LE VANNIER

L'armée accepta comme une éclatante victoire la défaite des mille cavaliers de l'émir et on chanta un *Te Deum* dans la mosquée d'Hassan, consacrée au culte catholique.

Le comte d'Alençon manda auprès de lui Paul Richard, et le félicita au nom du roi, dit le chroniqueur auquel nous empruntons ces détails, sur sa belle conduite dans cette affaire.

— Monseigneur, lui dit Paul, après lui avoir raconté dans toutes ses particularités l'expédition à l'oasis du harem, monseigneur, depuis le moment où le roi a pardonné aux assassins, je me suis douté que ces misérables Ismaïlites, que Dieu confonde ! nous joueraient un mauvais tour, et moi, prévoyant cela sans être trop sorcier, j'ai deviné ce qui est arrivé ensuite, et j'ai gardé mes hommes sous la main, dans le voisinage de la maison d'Agelastos. Les musulmans usent sans cesse de semblables ruses. Ce sont de vieilles histoires que vous ne connaissez pas, monseigneur, et que je connais moi, qui suis votre ancien en Egypte ; et à cause de ces histoires, croyez bien que si le père Agelastos et sa fille ne se tiennent pas sur leurs gardes, cet enragé d'émir nous les enlèvera par une belle nuit, comme un démon qu'il est.

— Toutes nos chrétiennes sont en lieu de sûreté, cessez de craindre, Richard, répondit le comte. L'armée campe maintenant dans l'enceinte et sur les remparts de Damiette. Il n'y a donc plus de surprise à craindre. L'Orient en armes ne pourrait nous chasser de cette position.

— Bon ! reprit Paul, je suis tranquille sur la famille Agelastos, et sur ma femme...

— Tu es donc marié ? interrompit le comte.

— Pas encore, mais ça ne peut tarder... et puis

que vous me faites l'honneur de causer familièrement avec moi, je saisis cette occasion pour vous dire que beaucoup de nos soldats ne sont pas contents.

— Mais il est difficile de contenter toute une armée, mon brave Richard; il y a toujours des mécontents. Connais-tu l'histoire?

— Peu; je ne connais que la Bible.

— Eh bien! tu sauras qu'il y avait des mécontents dans les armées de César, d'Annibal et d'Alexandre, trois grands généraux pourtant, et qui avaient bien soin de leurs soldats.

— Oh! monseigneur d'Alençon, je sais très-bien qu'il y a toujours, dans une armée, de mauvais soldats qui se plaignent; mais chez nous, ce sont les bons et les meilleurs.

— Et de quoi se plaignent-ils, Richard? Se plaignent-ils du roi?

— Ah! monseigneur, cela est impossible; il n'y a que les infidèles qui se plaignent de lui. Les chrétiens le bénissent trois fois par jour, aux trois *Angelus.*

— Mais enfin, de quoi se plaignent nos meilleurs soldats?

— Ils disent que ça ne marche pas assez vite, et ils voudraient déjà être à Jérusalem.

— Et le roi aussi voudrait y être.

— Eh bien ! monseigneur, alors pourquoi n'y sommes-nous pas ?

— Parce que c'est impossible.

— Impossible ? monseigneur, avec des gens comme nous !

— Oui, Richard, même avec des gens comme nous... Voyons, veux-tu apprendre le métier de la guerre à notre roi Louis ?

— Moi ! Oh ! monseigneur, que me dites-vous là ? on dirait que vous voulez rire ; mais l'heure n'est pas bonne. Ecoutez-moi, je ne me plains de rien, moi, j'obéis, muet et aveugle. Quand je vous fais part de quelques mécontentements, ce n'est pas ma bouche qui parle ; je ne suis qu'un écho.

— Alors, tu dois répondre aux mécontents et les réduire au silence.

— Par la sainte croix de Dieu ! si j'avais de bonnes raisons à leur verser, je ne les garderais pas en cave.

— Eh bien ! écoute, Richard ; tu n'ignores pas

que nous avons fait de grandes pertes à la bataille de Damiette ?

— Oui, je le sais mieux qu'un autre, moi.

— Que faut-il faire des blessés ?

— On dit qu'on peut les laisser à Damiette... Remarquez bien, monseigneur, que ce n'est pas moi qui dis cela.

— Richard, si ces mécontents dont tu parles, ces hommes qui trouvent que le roi Louis tarde trop à se remettre en route, étaient blessés, étendus sur un lit d'hôpital, à une si grande distance de leur pays, dans une terre étrangère, verraient-ils avec plaisir l'armée, le roi, la France s'éloigner d'eux ?

— Je crois qu'ils seraient encore plus mécontents qu'aujourd'hui.

— Écoute bien, Richard : qu'est-ce que le roi ? Un père de famille en voyage avec ses enfants.

— C'est vrai, monseigneur.

— Eh bien ! crois-tu qu'un bon père quitterait des enfants agonisants sur la grande route pour continuer son voyage avec ceux qui se portent bien ?

— Encore plus vrai, monseigneur.

— Veux-tu maintenant que je t'apprenne quelque chose ?

— Oh! monseigneur, il n'est pas difficile de m'apprendre quelque chose; je ne sais rien, et mon père ne pouvait rien m'apprendre, je ne l'ai pas connu.

— Eh bien! Richard, nous attendons de France un renfort considérable que nous amène le comte de Poitiers, frère du roi.

— Bon ! voilà une excellente nouvelle !

— Le vent du sud, qui souffle depuis longtemps, retarde la flotte du comte de Poitiers ; mais si le vent saute au nord, ces nouveaux croisés peuvent arriver dans quelques jours.

— Et pourquoi ces croisés ne sont-ils pas venus avec nous, monseigneur ? Aujourd'hui nous ne les attendrions pas.

— C'est incontestable, Richard ; mais, dans les grandes expéditions, tous ne sont pas présents au moment précis, il y a toujours des retardataires; tout le monde n'était pas prêt à nous suivre quand nous sommes partis d'Aigues Mortes; beaucoup, parmi la noblesse, avaient des affaires à régler, des biens à vendre, des emprunts à contracter, des testaments à faire...

— Je n'ai jamais eu ces soucis, moi, monseigneur, surtout celui des testaments.

— Tu vois donc, Richard, que tout le monde ne pouvait pas partir avec nous. Mais, au premier jour, ils répareront leur retard. On peut dire qu'à présent il n'y a pas un gentilhomme, ayant l'usage de ses mains et de ses pieds, qui soit sur la terre de France. Les derniers chevaliers sont en mer et vont nous rejoindre, avec l'aide de Dieu. Alors nous nous remettrons en marche.

— Vous m'autorisez, monseigneur, à distribuer cette bonne nouvelle partout? Elle fermera la bouche aux mécontents.

— Sans doute, Richard; mais ce n'est pas tout... une grande chose a été débattue, l'autre jour, dans les conseils du roi. Il y avait là de vaillants hommes qui ont guerroyé partout, et dont la vieille expérience sert merveilleusement le courage. Ils ont sagement parlé comme des Chrysostome. Les uns disaient qu'il fallait prendre la route de Syrie et marcher droit sur Jérusalem; les autres soutenaient qu'il fallait marcher sur le Caire, en longeant le Nil. Tous donnaient de bonnes raisons ; c'était merveille de les entendre. Le roi a fait un geste tranquille avec sa main, et souriant aux uns comme aux autres, il a ainsi parlé :

« Messeigneurs, prions Dieu de nous donner ses bonnes inspirations. C'est de lui que vient toute sagesse. Lorsque le législateur des Hébreux entra au désert avec six cent mille captifs délivrés, il se plaça entre deux armées ennemies. Derrière lui étaient les cavaliers de Pharaon, devant lui les enfants d'Ammon et d'Amalec. Dieu fit un prodige en faveur de son peuple, et es Égyptiens disparurent engloutis dans les flots. Nous sommes aujourd'hui, comme les Hébreux, placés entre deux armées. Sur la route de Jérusalem, nous avons les troupes des émirs de Ptolémaïs et de Joppé ; du côté de Memphis, nous avons le Soudan et Fak-Reddin. Le monde s'est perverti, et Dieu ne manifeste plus sa protection par les éclatants prodiges des anciens jours. Il nous faut donc vaincre Pharaon avant Amalec ; il faut marcher sur Jérusalem par la route de Mansourah, et lorsque avec l'aide de Dieu, nous n'aurons plus devant nous qu'une seule armée, nous suivrons la colonne de flamme que Moïse a laissée au désert, et qui ne doit plus s'éteindre parce qu'elle s'est allumée au souffle de Dieu pour conduire toujours ses enfants à la terre de promission!

Ainsi a parlé le roi, et toutes les têtes se sont inclinées. Les plus sages ont partagé cette opinion et l'avis du roi a prévalu...

— Je le crois bien, interrompit Richard en essuyant deux larmes qui coulaient sur ses joues basanées.

— Si j'entre dans tous ces détails, poursuivit d'Alençon, c'est que je connais ton dévouement et la sûreté de ta mémoire. Grâce à toi et à tes camarades, toute l'armée sera instruite de cela, et les mécontents...

— Seront contents, interrompit Paul Richard. Monseigneur, je vous promets que dans quelques heures toute l'armée connaîtra le plan du roi et ses nobles paroles. Ainsi nous pouvons espérer de marcher sur Mansourah bientôt, n'est-ce pas, monseigneur?

— Dès que le roi jugera le moment favorable, et surtout quand le comte de Poitiers sera ici; notre devoir est de l'attendre.

— Ainsi le roi aura ses trois frères avec lui?

— Oui, Richard, le comte de Poitiers, le duc d'Anjou, et le comte d'Artois.

— Trois vaillants hommes de guerre, monseigneur!

— Les plus vaillants de l'armée après le roi.

— C'est ce que tout le monde dit.

— Déjà toutes les dispositions sont prises et conformes aux rapports qui nous arrivent à chaque instant. Le soudan et l'émir ont envoyé partout des émissaires pour prêcher la guerre sainte. Une armée formidable sera ralliée, sous peu de jours, de Mansourah. Même avec le renfort attendu, nous serons très-inférieurs en nombre; mais Dieu est avec nous. L'ennemi sera attaqué sur trois points différents et sur tous à la fois. Le comte d'Artois commandera l'avant garde; le duc d'Anjou, l'aile droite; le comte de Poitiers, l'aile gauche; le roi sera au centre et partout. Jamais la France n'aura vu un mouvement guerrier aussi beau, commandé par quatre frères, tous du sang royal.

— Monseigneur, dit Richard, mon sang brûle dans mes veines et j'ai la fièvre à la main droite en vous écoutant... Mais, c'est égal, je voudrais bien nous voir partir ce soir.

— Mon brave Richard, n'oublions jamais que la patience et le courage sont les deux premières vertus du soldat.

— Alors, monseigneur, je n'en ai qu'une des deux.

— Il faut prendre l'autre, Richard.

— C'est aisé à dire, monseigneur; on ne se refait pas du jour au lendemain... Mais... excusez-moi, monseigneur, si j'abuse de votre complaisance...

— Non! non! parle, Richard!

— D'après vos propres paroles, je vois venir de longs jours de repos qui me fatiguent beaucoup ainsi que mes soldats : je voudrais donc les employer à quelque chose d'utile et de bon...

— Voyons ton idée, Richard.

— Connaissez-vous le Delta, monseigneur?

— Oui, je l'ai vu de loin.

— Moi, monseigneur, je l'ai vu de près; c'est un pays superbe, où la terre est si fertile qu'elle donne tout à ceux qui ne lui donnent rien. C'est un jardin magnifique, avec de beaux arbres, des eaux limpides, et personne ne prend soin de le cultiver. Si nous avions sous Montmartre un pays comme le Delta, tous les pauvres de Paris seraient riches. Ils quitteraient leurs vilains quartiers pour aller s'établir dans ce jardin. Voici donc mon idée. Puisque nous avons amené avec nous des laboureurs, des agriculteurs, des jardiniers, et que de ce côté tout le pays nous appartient, et nous appartiendra, je conduirai demain une colonie française dans ce paradis terrestre. Remarquez bien, monseigneur, qu'en faisant cela, j'entre tout à fait dans les vues du roi, car c'est lui qui a donné l'ordre, à Aigues-Mortes, d'embarquer des charrues, et toute sorte d'instruments de labour. Est-ce que je me trompe, monseigneur?

— Non, dit d'Alençon en riant, je t'approuve, et te félicite de ton idée; mais lorsque nous partirons en guerre...

— C'est prévu, monseigneur, interrompit Richard; j'échelonne mes hommes d'ici aux premiers arbres de ma colonie, et au premier son de trompette nous laissons les agriculteurs, et je vous ramène mes soldats.

— A merveille, Richard! ton plan est bon, et approuvé.

— Que je vous remercie, monseigneur, d'avoir eu la bonté de m'écouter si longtemps!

— Mais n'es-tu pas un de nos plus vaillants capitaines?

— Ah! monseigneur, ne parlez pas ainsi; il me semble que je suis toujours un petit vannier de la Cité, vendant des corbeilles d'osier sous le porche de Notre-Dame.

Richard s'inclina devant le comte d'Alençon, et courut rejoindre ses intrépides soldats.

Assis au milieu d'eux, à l'ombre des pins qui, sur leur tête, s'arrondissaient comme de gracieux parasols, il leur racontait les détails les plus importants de son entretien avec le comte d'Alençon, lorsqu'un messager de la cour vint lui annoncer que le grand écuyer de la reine, le sire Enguerrand de Niouzelles, invitait Paul Richard à se rendre au palais.

Paul acheva rapidement son récit en quelques mots, et ordonnant à ses compagnons de publier partout ce qu'il venait de leur dire, il les dispersa dans l'armée, comme ces feuilles écrites que les pythonisses prodiguaient dans les oracles. Ce devoir rempli, il se rendit auprès d'Enguerrand de Niouzelles, qui l'attendait sur la porte des jardins du soudan.

Ce chevalier était un vénérable vieillard, investi de toute la confiance de la reine, qu'il avait vue naître en Provence. Malgré son grand âge, il avait voulu suivre en Orient sa souveraine bien-aimée.

— Messire Paul Richard, dit-il, la reine est un peu souffrante et retenue dans ses appartements ; c'est par son ordre que je vous ai fait venir au palais. La reine ne peut vous voir, mais nous avons ici des personnes qu'une noble reconnaissance anime, et qui veulent l'exprimer à leur brave et généreux défenseur. Suivez-moi.

Le vieillard passa le premier, en indiquant par un geste qu'il allait montrer le chemin, et Richard entra dans des jardins délicieux, qui lui rappelèrent tout de suite l'oasis et le harem de l'émir. Cette comparaison lui sembla plus juste encore, quand il aperçut dans un quinconce d'acacias fleuris et embaumés un groupe de femmes qu'il reconnut tout de suite pour les jeunes et belles chrétiennes enlevées au pouvoir de Fak Reddin. Elles avaient quitté la livrée du harem, et portaient le costume simple, la robe de lin des catéchumènes de la primitive Église : ces fleurs *dont Salomon, avec toute sa puissance, ne saurait égaler la beauté*, les lis de Sarons doivent seuls être comparés, pour leur éclat tranquille et doux, à ces autres fleurs vivantes qui semblaient éclore sur les pelouses des jardins du soudan.

Celle qui s'avança vers Paul Richard était la même qui lui avait parlé avec des signes, dans le jardin de l'émir, la veille de l'évasion.

Elle marchait en tenant baissés modestement ses grands yeux bleus. Parvenue à quelques pas du chef des Ribauds, d'une voix émue, elle exprima au libérateur la reconnaissance de ses compagnes et la sienne. Quand elle cessa de parler, Paul Richard essaya de répondre, mais cet homme intrépide que tous les démons du désert ne pouvaient émouvoir tremblait comme la feuille au vent, et aucune parole clairement articulée ne sortit de ses lèvres ; il mit avec énergie la main sur son cœur, geste naturel qui exprime tout lorsque la bouche se tait.

Quelques instants s'écoulèrent ainsi; mais bientôt Enguerrand de Niouzelles ayant fait un mouvement de retraite, Paul Richard déracina ses pieds de cette place où il aurait passé toute sa vie, et suivit son noble introducteur en se retournant quelquefois pour voir encore cette apparition si fugitive, ce songe qui s'évanouissait dans les fleurs lointaines des acacias. Sur le seuil, en se séparant du chevalier de Niouzelles, Paul lui adressa timidement cette question :

— Puis je savoir de vous, sire chevalier, le nom de cette jeune femme qui m'a remercié avec tant de grâce au nom de ses compagnes?

— Je l'ignore, répondit Enguerrand.

— Ma femme est choisie, dit Paul en lui-même, que m'importe de savoir son nom !

XII

L'IDYLLE DE DEUX CHRÉTIENS

En attendant ce jour qui devait rendre l'armée aux périls et aux émotions de la guerre, Paul Richard s'était établi, avec les siens, dans un coin du Delta. Là ses compagnons et lui vivaient tous de chasse et de pêche, comme les tribus nomades des premiers jours de l'Orient. Ce genre de vie plaisait beaucoup à ces hommes aventureux, et ils songeaient sérieusement, avec les laboureurs et les artisans amenés par Louis, à fonder une colonie dans cette contrée vierge, sur cette terre féconde, arrosée par le Nil, bordée par la mer, rafraîchie par des sources d'eau vive, et, sous un ciel ardent, couverte des plus beaux arbres du nord et du midi.

Les alluvions accumulées depuis les premiers âges du Nil, sur un côté du Delta, avaient formé, à cette époque, une colline assez haute, où les arbres ne pouvaient prendre racine à cause de la violence des vents de la plage, sans cesse déchaînés. Sur un sol peu solide, les arbustes, les bruyères, les pourpiers de mer, les tamaris couvraient ce tertre énorme, et servaient d'asile et d'hôtellerie aux oiseaux voyageurs dans les semaines de leur migration. Paul Richard, accompagné de son ami Emmanuel, conduisait souvent la chasse sur ce point du Delta, et laissant ses soldats au pied de la colline, il montait au sommet pour jouir d'un spectacle superbe, et demander à l'horizon maritime si la France oublieuse n'envoyait aucun navire à l'Orient.

De ce haut belvédère on apercevait les bras du Nil qui conservaient bien loin encore dans la mer leurs méandres et leur teinte, le désert uni et pâle, le Delta vert et primitif comme l'Éden. Un jour Richard, assis devant ce tableau, disait avec mélancolie à Emmanuel :

— Je ne sais quel résultat Dieu doit donner à la glorieuse expédition du roi en Orient, mais plus j'habite ce pays, plus je m'obstine dans la même idée, plus il me semble qu'une voix providentielle me donne le conseil de rester où nous sommes, et de créer une colonie française chrétienne à cet Orient. Ma pensée est sans cesse tournée vers ce but. Voilà déjà plusieurs fois que la France passe la mer et rentre chez elle ; on dirait que la Méditerranée, qui n'a pas le flux et le reflux de l'Océan, en va prendre un autre bien plus beau et bien moins stérile, le flux et reflux de pèlerinages chrétiens et militaires : si bien qu'à force d'aller et de revenir, et lorsque l'heure de Dieu sera venue, les voyageurs prendront racine sur le sol oriental, bâtiront des maisons au lieu de planter des tentes, et marieront la Seine et le Nil au pied d'un autel chrétien. Quand viendra ce moment ? Nous l'ignorons, mais il viendra. L'impulsion est donnée, le flux et reflux ne s'arrêtera pas. Nous avons déjà trouvé dans ce pays la tribu des Aurès ; c'est le premier noyau ; nous aurons bientôt une autre couche d'alluvion chrétienne, et j'espère bien mêler à celle-ci l'argile dont Dieu a fait mon corps. Je sais bien que ceux qui resteront avec nous sur la terre africaine auront, par intervalles, des regrets, ce qu'on appelle le mal du pays ; il s'en trouvera qui tomberont en mélancolie profonde au souvenir de la France, et qui regretteront, dans ce pays du soleil, la rue de la Juiverie, les échoppes de la Cité ou la colline de Montmartre ; mais nos enfants, eux, nos enfants nés au Delta ou au Liban, ou en Palestine, où Dieu nous mènera enfin, ne regretteront rien et ne souffriront pas du mal du pays : ce seront les véritables Français africains, et ils n'auront qu'un pas à faire pour aller offrir la lumière de la croix aux idolâtres indiens, par le détroit de Suez ou le golfe d'Ormus. Tel est l'avenir que j'entrevois. Quant à moi, si une lance arabe ne m'arrête pas en chemin, je mourrai ici de ma plus tranquille mort, au milieu d'une famille d'enfants et d'amis qui feront souche de Français et de chrétiens.

— Paul, dit Emmanuel, les pensées et les paroles, même les tiennes, deviennent graves en présence du tableau imposant que nous avons devant les yeux, et peut-être aussi notre esprit puise dans la magnificence de ce spectacle une confuse perception des choses de l'avenir. Oui, cette heure prédite sera marquée un jour sur le cadran céleste. Comme toi, je n'en doute point, ici, comme en toute chose, nous avons la même foi. La prédiction ne vient pas de nous ; elle monte du fleuve et de la mer, et nous l'écoutons. Richard, je connais dans le Liban une vallée délicieuse, ombragée par de beaux arbres, arrosée par de belles eaux et fertile en pâturages. Jamais des cris de désolation et de mort n'ont troublé ses échos ; jamais la guerre ne traverse cette oasis des montagnes ; jamais les chevaux de bataille n'ont foulé ses gazons. C'est là qu'il faut aller fonder notre colonie chrétienne, si Dieu veut nous garder dans les périls de mort, et nous faire survivre à tant d'autres qui vont s'endormir du dernier sommeil au désert. Si ce destin ne m'est pas réservé à mon heure dernière, je dirai, comme dans la Bible : *Et moi aussi je fus un étranger dans la terre d'Égypte*[1] ; j'y ai passé comme l'ombre mais j'ai laissé mon exemple à

---

1. *Peregrinus in terra Ægypti.*

ceux qui viendront après moi, et conduiront la charrue sur les sillons que mon épée a ouverts.

— Vraiment, Emmanuel, je m'incline devant le génie du roi Louis : il songe à tout; non-seulement il veut enlever aux infidèles le tombeau de Jésus-Christ, mais il est dans sa pensée, j'en suis sûr, de donner à la France une belle colonie, dont nous avons le plus grand besoin ; c'est pourquoi il a embarqué sur ses flottes des laboureurs et des charrues. Tu comprends l'idée du roi? La population de Paris augmente, d'année en année, dans une proportion énorme ; eh bien ! quand nous aurons une France de l'autre côté de la mer, dans un beau pays, tous ceux qui se trouveront mal à l'aise dans ce Paris trop peuplé iront en Afrique exploiter une terre vierge, arrosée par des fleuves dont le limon féconde, et chauffée par le soleil. Je suis souvent tenté de rire de pitié sur moi, lorsque je pense que j'ai été fier d'un petit jardin qui m'appartient dans une île de la Seine. Nous avons maintenant devant nous ce Delta, qui est un nouveau monde, et qui peut nous appartenir. Un immense jardin sans propriétaire ! En France, on ne se doute pas de cela ; on croit, chez nous, que la terre finit à Vincennes, et qu'on ne trouve des gazons, des arbres et de l'eau qu'à Saint-Germain-des-Prés. Les croisades auront toujours cela de bon, qu'elles donneront aux Parisiens, trop casaniers de leur naturel, le goût des voyages et des lointaines colonisations. Telle est la pensée complète du roi, et le roi trouvera sans doute en Afrique beaucoup de gens comme nous qui le comprendront dans sa guerre et dans sa paix.

— Ce ne sera pas l'œuvre d'un jour! dit Emmanuel avec mélancolie.

— L'œuvre d'un jour ne dure pas, poursuivit Richard : les premiers succomberont peut-être, d'autres et d'autres encore viendront qui succomberont aussi; mais qu'importe! la pensée du roi est bonne, elle portera ses fruits tôt ou tard. La charité chrétienne nous fait un devoir de semer pour nos enfants, afin de laisser après nous une terre meilleure, renouvelée par nos mains avec l'aide de Dieu.

Ainsi parlaient, comme dans une églogue, ces deux colons qui ne ressemblaient déjà plus aux *veteres coloni* dont parle Virgile. Le christianisme donnait une âme inconnue à ces solitudes magnifiques des terres basses d'Égypte, et ne permettait plus à l'écho des forêts de redire le nom d'Amaryllis. Un nouvel ordre de choses, *novus rerum ordo*, prédit par le poëte païen, se levait sur l'univers avec le soleil en Orient.

Paul Richard tenait toujours ses regards fixés du côté de la mer; et comme il terminait ces derniers mots, il montra du doigt l'horizon à Emmanuel, et lui dit :

— Si ce point blanc qui se lève, là-bas, sur la dernière ligne bleue, n'est pas un nuage, c'est une voile de navire.

Emmanuel, enfant des hautes montagnes et doué d'une vue infaillible, regarda l'horizon maritime et fit un mouvement de joie.

— C'est un navire! dit-il en battant des mains; et il n'est pas seul. Le vent est favorable; il souffle du nord; nous allons voir une flotte dans quelques instants.

Il ne se trompait pas; la flotte se montra bientôt dans les sillons de l'île de Chypre, et on vit s'agiter dans les airs, sur la cime des mâts, a croix rouge des pavillons.

— C'est le comte de Poitiers qui arrive! s'écria Richard.

Et, ramassant son arbalète, il se leva et dit à Emmanuel :

— Raillons nos hommes; le service de Dieu et du roi nous rappelle à Damiette!

Les deux amis descendirent la colline pour préparer le départ.

Et comme on se disposait à se mettre en route, les sentinelles échelonnées se repliaient vers le Delta et annonçaient une nouvelle formidable : la peste avait éclaté à Damiette, et les ravages du fléau étaient effrayants.

Les plus braves, parmi les soldats de Richard, pâlirent à cette nouvelle, et pour la première fois, le chef ne trouva pas l'obéissance accoutumée; deux cents hommes environ ne répondirent pas à l'appel; leur intrépidité, sans égale sur les champs de bataille, reculait devant cette mort hideuse; ils disparurent dans les bois avec l'intention d'y continuer une vie pour eux pleine de charmes et loin des atteintes du terrible fléau.

Paul Richard, au milieu de ses fidèles, fit

preuve de beaucoup de tolérance, et sembla presque excuser cette désertion.

— Tous ceux qui me suivent sont des héros, s'écria-t-il ; mais les autres ne sont pas des lâches. N'accusons pas nos frères ; que Dieu leur donne l'inspiration de nous rejoindre au camp !

Et la colonne partit au pas de course, ayant à sa tête Richard et Emmanuel. Plus que jamais l'armée avait besoin de tous ses soldats, car le croissant et la croix allaient se rencontrer dans la plaine de Mansourah, et engager la plus terrible bataille dont l'histoire ait gardé le souvenir.

XIII

BATAILLE DE MANSOURAH

Vers la fin de novembre, l'armée était en marche, par la route du Caire, remontant le fleuve, vers l'antique cité de Mansourah.

Le matin du départ, au point du jour, le roi avait assemblé auprès de lui les princes et les principaux chefs de l'armée, et leur avait parlé ainsi :

— Dieu, dont les desseins sont impénétrables, a voulu que l'affliction se répandît parmi nous; il a déchaîné sur l'armée ce fléau que le prophète Nathan désignait au roi David comme le plus terrible des châtiments de Dieu. La peste nous décime. Courbons nos fronts, humilions-nous devant la main qui frappe. N'attendons pas cependant que le dernier de nous tombe sans gloire dans les murs de Damiette pestiférée. Allons à l'ennemi dans un moment où nos forces sont grandes encore, et ne désespérons pas du succès de notre sainte expédition, si Dieu nous juge dignes de délivrer l'auguste tombeau de Jérusalem. Nous laissons à Damiette une garnison vaillante, placée sous les ordres de notre bien-aimée femme, la reine Marguerite, et nous prions la Providence de veiller sur les blessés et les malades que nous laissons avec tant de douleur. Maintenant le cardinal légat va entonner le *Veni Creator*, et, le divin secours imploré, nous marcherons, animés de cette foi qui faisait mépriser au roi-prophète les atteintes de l'aspic et du lion [1].

Les infidèles sont retranchés derrière le canal de Thanis; jamais l'étendard du croissant ne les vit plus nombreux. On dirait que la plus hideuse des plaies d'Égypte est encore retombée sur le même pays par le pouvoir infernal des magiciens

---

[1]. *Super aspidem et basilicum ambulabis, et conculcabis leonem et draconem.* Ps.

d'un nouveau Pharaon. Les masses noires des soldats de Barca, d'Ammon, de Dongolah, de Méroé, de Syène, de Philoé, du Mokattan, sont placées au centre, et forment d'impénétrables carrés de fer. Le soudan Neg-Meddin s'est transporté agonisant à la tête de ses tribus sauvages, et l'étendard du prophète est déployé sur son palanquin. Une cavalerie innombrable se déroule aux deux ailes; deux intrépides émirs la commandent, Abd-el-Fak-Reddin et Bunt-O-Ctar, habitué à conduire au combat et au pillage les sauvages tribus du désert.

Malgré le renfort considérable amené par le comte de Poitiers, l'armée française est très-inférieure en nombre, et, à chaque étape, le fléau lui enlève encore ses plus braves soldats, qui sont pieusement ensevelis sous des dunes de sable, et abandonnés tout de suite, car les longs regrets sont interdits dans un pareil moment. Ainsi marche l'armée entre deux haies de tombeaux, et conduisant avec elle un ennemi invisible, et bien plus redoutable que l'émir Fak-Reddin. Le roi courait, à cheval, dans tous les rangs; il ranimait les faibles, relevait les malades, bénissait les morts et semblait distribuer à tous ces flammes d'énergie morale qui servent à triompher des fléaux et enracinent l'âme dans le cœur quand la maladie et la mort descendent avec tous les atomes de l'air. Pour comble de malheur, le soleil se levait *dépouillé de rayons et semblable à une meule de fer rouge*, ce qui n'est pas rare en Égypte, et une atmosphère étouffante qui paraissait sortir des entrailles d'un volcan servait encore d'auxiliaire à la peste et donnait une soif de feu et une langueur fiévreuse aux soldats que le fléau n'avait pas atteints. Les chevaux, amenés d'Europe, se révoltaient contre l'éperon, et, fléchissant sous le poids des carapaces et des armures, ils enfonçaient leurs narines dans le sable pour y chercher de l'air ou de l'eau. Beaucoup de chevaliers, accablés par une langueur que tout leur courage ne pouvait vaincre, avaient pris rang de fantassins ; ils laissaient tomber leurs cuirasses, devenues intolérables, et ne gardaient que leurs fortes épées pour la bataille qui se levait à l'horizon.

Le comte d'Artois, frère de Louis, marchait le premier à la tête de l'avant-garde ; c'était un jeune homme de trente ans, d'une vigueur, d'une adresse et d'une fierté merveilleuses. Bien avant les autres, il arriva sur les bords du canal de Thanis, et, le trouvant large et profondément encaissé, il hésita quelques instants, et mit son cheval au pas pour suivre la rive. Bientôt on découvrit un endroit guéable qu'un Arabe venait d'indiquer à prix d'or, au comte de Jaffa. Ce passage trouvé, le prince traversa le canal à la tête de sa cavalerie, et tomba sur les Égyptiens, avec une furie d'élan qui mit leurs premières masses en déroute. Entraînés par le succès, les escadrons d'avant-garde s'engagèrent dans le centre des Arabes, et firent de tels ravages que la victoire semblait appartenir déjà aux chrétiens, grâce à un premier choc si heureux.

Le roi avait tout vu ; il comprit l'imprudence et dit à Joinville :

— Le comte mon frère a passé le canal une heure trop tôt.

Et se tournant vers l'armée qui s'avançait avec une lenteur bien excusable, car elle jonchait la route de cadavres et d'agonisants, il agita son épée en criant d'une voix forte :

— A moi, mes enfants ! Dieu le veut !

Cette voix toujours si douce et qui, pour la première fois, prenait une expression héroïque, ressuscita l'armée, et, par une sorte de prodige, le fléau suspendit ses ravages dans les rangs des chrétiens. Les uns avaient vu le geste de Louis, les autres avaient entendu sa voix ; presque tous déjà voyaient à travers le rideau des arbres les bandes ennemies et les étendards du croissant. Une ardeur sublime éclata partout. Les bannières de la croix s'agitèrent sur toute la ligne, pour répondre à l'appel de Louis, et toutes les voix crièrent : *Dieu le veut !* comme au départ d'Aigues-Mortes et à la bataille du Nil. Le roi s'élança dans le Thanis, avec Joinville, Beaudoin, Alençon, Salisbury et Montfort. Au même moment, et à une très-grande distance de ce gué, le comte de Poitiers et le duc d'Anjou traversaient le canal à la nage, avec les nouveaux combattants venus de France, les arbalétriers de Montléard, les soldats de Paul, et les chevaliers de Chypre et de Jérusalem. La bataille allait s'engager sur toute la ligne, aux cris mille fois répétés : *Dieu le veut !* L'enthousiasme avait tué le fléau.

Cependant l'émir Bunt-O-Ctar avait vu l'attaque foudroyante du comte d'Artois et la déroute des premières lignes de ses Arabes; il accourt avec sa cavalerie ailée, rallie les fuyards à coups de cimeterre, et enveloppe le prince chrétien, trop aventureusement engagé. Le roi, parvenu sur l'autre rive du Thanis, aperçut les drapeaux de son frère au milieu d'un cercle immense de cavaliers et de fantassins arabes, et se disposait à courir au secours du comte d'Artois, lorsque la cavalerie de l'émir Fak-Reddin tomba devant le roi comme une barrière, pour s'opposer à la jonction et défendre la rive droite du Thanis contre le gros de l'armée qui le traversait. Ce mouvement de l'émir, en dégarnissant l'aile gauche des Arabes, favorisa le passage du comte de Poitiers et du duc d'Anjou. Toute l'aile droite des chrétiens ne rencontra que l'infanterie des tribus et fondit sur cette masse d'ébène pour la percer, et opérer sa jonction avec le roi, qui était menacé par la cavalerie des deux émirs.

En ce moment, le jeune comte d'Artois soutenait encore une lutte désespérée contre les cavaliers d'O-Ctar; son armure superbe s'écroulait en lambeaux sur les flancs de son cheval ; son casque fendu au cimier avait perdu son aigrette blanche ; sa cotte de mailles, déchirée comme une tunique de lin, laissait à découvert sa poitrine nue ; retranché derrière le cadavre de son cheval, et n'ayant plus autour de lui que le comte de Jaffa et dix chevaliers, il prolongeait son agonie de héros par des faits d'armes inouïs, des coups d'épée de géant. Cette bravoure surhumaine étonnait les ennemis, et les rendait, par intervalles, immobiles d'admiration, car ils croyaient voir quelque chose de divin et de sacré dans ce noble jeune homme qui ne demandait point merci, et ne désespérait pas de vaincre seul toute une armée. Enfin, il fallut succomber ; la cavalerie de l'émir passa comme un ouragan sur ce groupe de chrétiens isolés au milieu des Arabes, et ne laissa derrière elle que des cadavres et une mare de sang. Le comte d'Artois fut tué le dernier, et il put voir en mourant, bien près de lui, l'oriflamme qui annonçait le roi, comme le soleil annonce Dieu.

Semblables à ces forts d'Israël qui donnaient de mortels déplaisirs aux rois ligués contre Judas

Machabée, les chevaliers de la garde du roi avaient déjà fait une large brèche dans l'armée arabe, et leurs premiers coups avaient retenti avec tant de fracas sur les carrés de fer, qu'on eût dit qu'une si foudroyante attaque ne venait pas de mains d'hommes, et qu'ainsi toute résistance était une lutte impie ou folle soutenue contre le ciel ou contre l'enfer. Au milieu d'une forêt de chênes, des armées de bûcherons abattant à la fois leurs haches sur les écorces de fer ne jetteraient pas aux échos des vallons une plus effroyable tempête. Le roi et ses fidèles passaient à travers les lances comme à travers des épis, les brisant avec leurs épées, et frappant à la gorge cavaliers et fantassins. Toute l'armée suivait le sillon royal, et s'élargissait dans la plaine comme un torrent qui brise l'écluse et inonde. C'était une horrible mêlée, une bataille immense toute faite de combats singuliers, où un vivant remplaçait toujours un mort, où l'épée la plus courte était la meilleure, car les mains se heurtaient contre les mains, le feu des haleines se croisait sur les lèvres ; les combattants roulaient sur le sable, liés l'un à l'autre par des étreintes furieuses et continuaient leur lutte jusqu'à la mort, sous une voûte de fer, et sous le ventre des chevaux. Autour du roi, la bataille avait un caractère d'acharnement plus effroyable encore ; là combattaient, non pas les chevaliers les plus braves, ils étaient tous braves au même degré, mais les plus robustes, les plus adroits, les plus alertes, ceux qui maniaient comme des poignards ces lourdes épées qu'on nous montre dans les panoplies, et qu'aucun bras ne soulèverait aujourd'hui. Après bien des heures d'une résistance acharnée, ce puissant escadron royal repoussa les Égyptiens, et mit à découvert le sanglant terrain où gisait le cadavre de l'héroïque comte d'Artois. Louis versa quelques larmes, regarda le ciel, ordonna par un geste d'enlever le corps de son frère, et se précipita de nouveau dans la mêlée, à la tête de son escadron de géants.

Tant que dura le jour, le sol du Thanis, trembla sous les convulsions de cette bataille ; l'ennemi n'avait cédé quelquefois un peu de terrain que pour revenir, avec un nouvel acharnement, plus terrible et plus nombreux sur les lignes des chrétiens. Au coucher du soleil, la plaine, jon-

chée de cadavres et inondée de sang, n'appartenait ni au roi ni aux émirs ; chacun avait gardé
ses positions. La nuit tomba sombre, et dérou-
lant une épaisse brume qui venait du Nil. Les
Égyptiens ont toujours eu le respect des heures
nocturnes; ils se retirèrent les premiers du combat, à la faveur de l'obscurité, pour accomplir
leurs actes de religion et attendre, dans le repos,
le retour de la lumière et une seconde journée de
Mansourah.

Les Français, épuisés par cette bataille sans
victoire, se retirèrent sur la rive droite du Thanis,
et dans les jardins et les vergers du voisinage,
pour réparer leurs forces ; un silence morne régnait dans leurs rangs ; l'armée prenait le deuil
du comte d'Artois.

Louis passa la nuit à cheval ; un courage sur-
humain éloignait de lui la lassitude ; il fit rendre
les honneurs de la sépulture à son frère, et, ce
pieux devoir rempli, il parcourut toutes les lignes
pour donner des ordres aux chefs et des éloges
aux soldats ; puis, comme il ordonnait aux chevaliers de sa suite d'aller prendre un peu de
repos, afin d'être prêts aux éventualités du len-

demain, le comte de Soissons dit joyeusement à Joinville : *Sénéchal, par la croix de Dieu, allons dormir peu ou prou; on n'entend plus crier ou bruire cette quenaille de mécréants.*

Le brouillard du Nil ne se dissipa que longtemps après le lever du soleil. Quand les deux armées se retrouvèrent en présence, elles se respectèrent mutuellement, car, de part et d'autre, Arabes et chrétiens enterraient leurs morts, fonction pieuse que rien ne devait troubler. Les Français descendirent ensuite la rive droite du Thanis, comme pour indiquer aux Égyptiens qu'ils voulaient choisir un autre champ de bataille peu éloigné de celui de la veille, devenu un champ de repos pour tant de glorieux morts.

L'armée africaine occupait encore un espace immense, et les pertes de la veille ne semblaient point l'avoir affaiblie. Les masses d'infanterie étaient toujours aussi larges et aussi profondes, les cavaleries des émirs aussi formidables. On eût dit que le désert avait envoyé dans la nuit ses dernières recrues au soudan. Les antiques traditions guerrières, transmises d'âge en âge chez les races africaines, se retrouvaient à Mansourah ; c'était encore la stratégie de Zama et de Carthage. Comme à la dernière bataille d'Annibal, la cavalerie formait les deux ailes, et le centre se composait d'une phalange énorme et massive, semblable à celle que les *hastati* de Scipion ne purent entamer, et que les cavaliers de Lélius attaquèrent avec une furie victorieuse, après avoir poursuivi les fuyards sur la route d'Adrumète. La France était donc encore à Zama, quinze siècles après Rome.

Cependant le fléau reparaissait dans l'armée française ; la chaleur du climat, l'ardeur de la bataille, les exhalaisons putrides de tant de cadavres, avaient réveillé, dans la nuit, l'horrible maladie, et d'heure en heure les symptômes devenaient plus alarmants. Le roi, instruit de tout, résolut de frapper un coup décisif et d'emporter la victoire par une de ces attaques désespérées qui suppriment les plus fermes résistances de l'ennemi. Appelant à lui le comte de Poitiers, le duc d'Anjou et tous les chevaliers de France, il leur donna ainsi son ordre suprême :

— Nous allons couper les lignes de l'Égyptien par le centre et nous retrancher dans Mansourah ; que toute l'armée donne à la fois, et soit vaillante comme toujours !

Et regardant le ciel, il ajouta en latin : *Fiat voluntas tua !*

Un instant après, le *Veni Creator* fut entonné sur toute la ligne, et le roi, saisissant l'oriflamme d'une main, et de l'autre sa lourde masse d'armes toute hérissée de pointes de fer, s'élança au galop sur le centre des Égyptiens, entraînant son armée avec lui.

La bataille recommença, ou, pour mieux dire, continua celle de la veille, interrompue par les ténèbres et le brouillard. L'ennemi semblait avoir pris racine sur le sol natal ; pas un pouce de terrain ne fut cédé à la furie du premier choc des chrétiens. Les mêmes exploits, le même héroïsme, les mêmes combats singuliers se renouvelèrent. Les deux armées se confondirent en une seule ; on ne se reconnaissait qu'à la teinte des visages, et tout chrétien qui voyait un Arabe devant lui oubliait le reste de l'armée, et se battait comme s'il eût été seul contre un seul ennemi. Joinville, acteur dans ces sublimes scènes, affirme que la nuit seule put séparer une seconde fois les deux armées, et que la bataille recommença une troisième fois le lendemain. Chacun garda son poste, et se reposa sur le terrain qu'il avait baigné du sang ennemi ou du sien.

Quand le jour parut, un spectacle affreux vint affliger les yeux du roi. Dans la nuit, la peste avait frappé son armée avec une rigueur désolante ; les plus braves, accablés par des douleurs aiguës, faisaient des efforts surhumains pour se lever et saisir leurs armes ; tous retombaient sur le sable et ne se relevaient plus. Les prêtres passaient dans les rangs pour bénir et absoudre tant d'agonies ; les chevaliers que le fléau n'avait pas atteints allaient ranimer partout les courages, et diminuer, par des paroles énergiques, les effets de la commune terreur. Le roi se montrait partout, avec un visage calme, relevait les malades, touchait leurs plaies, parlait à tous, avec sa voix d'une douceur ineffable, de la France et de Dieu, et demandait un dernier effort pour achever l'œuvre glorieuse de deux jours. Ce fut dans un pareil moment que les chrétiens se virent attaquer par la cavalerie de l'émir Abd-el-Fak-Reddin.

Le roi s'élança sur son cheval, et s'écria :

— Tout ce qui porte un nom chrétien doit périr ici à côté de moi !

Excepté les morts, toute l'armée se leva ; les malades et les blessés saisirent leurs armes, et crièrent :

— *Dieu le veut !*

La bataille recommença une troisième fois par des prodiges inouïs. Toute la noblesse entourait le roi, et cette élite de la vieille France était entourée par tout l'Orient en armes. Un chrétien avait cent infidèles et la peste contre lui ! Eh bien ! malgré cette infériorité effrayante, malgré l'invasion mortelle du fléau, malgré les ardeurs intolérables du soleil d'Égypte et les fatigues de cinquante heures de bataille, on lutta encore avec un acharnement sans pareil, et si une victoire eût été possible contre tant de chances fatales, les chrétiens auraient triomphé, le troisième jour, à Mansourah. L'émir Abd-el-Fak-Reddin avait bien jugé la situation en dirigeant sa première attaque sur le terrain où était le roi. La bataille devait se concentrer là, et arriver à sa fin. Les masses d'armes, les grandes épées, les longs poignards abattaient en vain les cavaliers de l'émir ; il en arrivait toujours de plus terribles; il en sortait toujours du sol de cette Afrique inépuisable en soldats et en chevaux. Le roi, exposé comme le dernier des chrétiens, n'échappait à la mort que par un continuel miracle ; tous ses ennemis ne cherchaient que sa poitrine, et tous les chevaliers ne veillant que sur le roi, s'oubliaient eux-mêmes au milieu des horreurs de la bataille. Ainsi tombèrent, à côté de Louis, le brave Châtillon, Amaury de Meulane, Jehan de Ville, Mahy de la Tournelle, Guillaume de Courtenay, Raoul de Flamant, tous dévoués comme Clitus à Alexandre, et attirant sur leurs têtes les haches qui déjà sillonnaient les airs pour aller frapper la tête du roi.

L'auxiliaire du soudan, la peste, continuait ses ravages, et abattait des files entières de soldats chrétiens; le roi ne pouvait donc être secouru : il avait changé cinq fois de cheval, et combattait à pied sur des monceaux de cadavres et un limon de sang; une nuée d'Arabes passa sur lui comme un kamsin vivant, et le renversa : Joinville, Baudoin, Salisbury, ses trois derniers amis, encore debout malgré la peste et trois batailles, firent encore un effort pour sauver le roi, mais ils furent renversés aussi par l'ouragan égyptien, et faits prisonniers par toute une armée. Louis lança un regard vers le ciel, et prononça les mots divins du Golgotha :

— *Mon Dieu! Mon Dieu! pourquoi m'abandonnez-vous?*

L'émir Fak-Reddin prit respectueusement l'épée du roi, et dit :

— *Je n'ai jamais vu un plus fier chrétien!*

XIV

DESTRUCTION D'ALAMOUT

Toutes les passions religieuses de l'Orient avaient fourni leur contingent de guerriers à la formidable bataille de Mansourah. La lutte finie, le roi de France prisonnier, cette armée, qui sans cesse semblait renaître et grossir sous les étendards du prophète de Médine, se fondit en quelques jours. Ainsi, la neige, qu'un long hiver amasse au sommet des montagnes, se décompose aux premières chaleurs du printemps. Les soldats du soudan venus à l'appel des sanctuaires égyptiens, de tous les pays où l'Imanié comptait des sectateurs, se dispersèrent après la victoire et reprirent le chemin des déserts et des solitudes qui les avaient vomis pour soutenir le choc suprême de l'Orient contre l'Occident. Barca, Philæ, les oasis libyques, Méroé, les provinces de Nubie et d'Abyssinie, virent bientôt revenir par bandes nombreuses les fanatiques sectaires qui avaient survécu aux combats du Nil; dans tous ces déserts, sous la tente de la tribu nomade, se fit une légende épique de ces grandes journées que l'Arabe conteur disait à la caravane qui passait, et celle-ci la répétait plus loin, de telle sorte que ce récit merveilleux a pénétré jusque dans les profondeurs de l'Afrique intérieure, où l'ont retrouvé les intrépides voyageurs qui ont osé, de nos jours, sonder les arcanes de ces contrées mystérieuses. Mais les soldats qui, les premiers, quittèrent la bannière de Fak-Reddin et de Bunt-O-Ctar furent ceux qui, traversant les déserts de Syrie, étaient accourus, du fond de la Perse et de l'Yémen, au secours de leurs frères les Ismaïlites d'Égypte. Un ordre du grand maître des Ismaïlites de l'est, porté avec la rapidité de la flèche à toutes les loges par les Fedavi de Maszia et d'Alamout, avait prescrit à tous les initiés de voler sur le Nil à la défense des grands temples menacés. Après avoir affronté la mort sur ce champ de carnage qui, pendant trois jours, avait transformé la plaine du Nil en une immense nécropole, le fanatisme de ces hommes recula devant l'horrible fléau qui, bien plus que l'épée sarrasine, avait ravagé et vaincu l'armée de Louis IX. En toute hâte, ils regagnèrent le désert de Suez, et reprirent les routes qui les avaient amenés.

Cet appel énergique, qui conduisit tous les Ismaïlites en état de porter les armes devant Mansourah, fut le dernier acte politique qui signala l'existence de l'ordre des Assassins.

Du fond de son château de Masziat, comme nous l'avons vu, le grand maître Roggen-Eddin, à peine investi du souverain pouvoir, avait voulu signaler son règne par des réformes et faire renaître la terreur qu'avait partout inspirée Hassan-ben-Sabah. Mais il se trouva bientôt dans une situation analogue à celle de ces deux rois de Sparte, Agis et Cléomène, dont Plutarque nous a raconté la vie avec tant de détails. Eux aussi voulurent remettre en vigueur les lois de

Lycurgue, trop rigoureuses pour les descendants dégénérés des hommes des Thermopyles. Ils périrent misérablement à la tâche. Un sort pareil était réservé à Roggen-Eddin. Déjà des affiliés avaient refusé l'obéissance, et Fak-Reddin avait pu non-seulement rester impuni, mais encore se réconcilier avec les daïs, conserver sa faveur et sa puissance, et recouvrer les bonnes grâces du grand maître. Au moment où le terrible coup de Mansourah sauvait les antiques sanctuaires d'Égypte, un péril de mort menaçait Roggen-Eddin et la puissance des grands maîtres d'Alamout. L'ordre des Assassins était resté terrible pour les petits princes musulmans qui se partageaient en quantités innombrables les dominations d'un grand nombre de villes et de plateaux, unis entre eux seulement par le même culte et les mêmes croyances. Le poignard des Fedavi était sans cesse suspendu sur leur tête, et un mot du grand maître d'Alamout les faisait trembler d'épouvante.

En ce moment les Tartares couvraient l'Asie Majeure, et, semblables aux compagnons d'Attila, faisaient tout plier devant eux. Degencist, leur grand kan, avait fondé par l'épée un empire immense, et ses fils continuaient sa domination. Deux puissances voisines d'Alamout, qui vivaient dans une permanente terreur, formèrent un complot contre l'existence de l'ordre tout entier. Le calife de Bagdad, le juge de Kasvin, envoyèrent des ambassadeurs au kan des Tartares, Mangou, occupé à guerroyer à l'autre bout de l'Asie. Ces ambassadeurs, chargés de riches présents, venaient apporter la soumission de leurs maîtres. Corps et biens, ils se remettaient entre les mains des Tartares. Mangou les reçut parmi ses vassaux, et leur promit en même temps de les délivrer d'un voisinage incommode. L'année suivante, effectivement, le frère du kan, Houlakou, descendit avec une armée nombreuse des déserts où sans cesse se promène la *grande horde*. Cette année avait été employée par le calife de Bagdad et le juge de Kasvin à sonder tous les mécontentements sourds qui depuis quelque temps grondaient autour d'Alamout. Daïs, Réficks, Fedavi, depuis la bataille de Mansourah surtout, n'étaient plus les mêmes. La tyrannie de Roggen-Eddin leur pesait, et jusque dans les jardins délicieux de Masziat, il y avait des éléments de discorde, des ferments de dissolution, qui tôt ou tard pouvaient amener une crise fatale.

Avec la finesse astucieuse des natures orientales, le calife de Bagdad et le juge de Kasvin comprirent que le plus terrible, le plus implacable ennemi du grand maître était son favori, le vizir Nassir-Eddin, Daï-al-Kébir reçu à la grande loge du Caire, et qui, à l'aide des sciences astrologiques, dans lesquelles il était profondément versé, était parvenu à s'emparer complètement de l'esprit du farouche grand maître. Nassir-Eddin, nature souple et insinuante, ne profitait de la faveur dont il jouissait que pour donner libre carrière à son goût effréné pour le luxe et les plaisirs sensuels. Une trahison coûte peu à de pareils hommes. Le vizir avait l'œil ouvert sur toutes les trames qui se formaient contre le Vieux de la Montagne ; mais il se gardait bien de les dévoiler avant l'heure propice, voulant avant toute chose parfaitement connaître les avantages qu'il pourrait retirer de sa trahison ou de sa fidélité.

Sur ces entrefaites, arrivèrent à Alamout les

cinq Ismaïlites auxquels Louis IX avait pardonné après sa victoire de Damiette ; le sixième était resté auprès de Fak-Reddin. Honteux d'avoir échoué dans la mission que leur avait confiée le Cheik-al-Jebel, ils n'avaient point osé revenir à Alamout, et, couverts de l'habit du pèlerin, ils avaient visité à la Mecque le tombeau du prophète ; puis remontant le désert de Syrie jusqu'à Bagdad, ils avaient découvert le complot formé contre l'ordre par le calife et le juge de Kasvin. Alors ils s'acheminèrent vers Alamout, pour tout dévoiler au grand maître et obtenir ainsi leur pardon. La veille du jour où ils se présentèrent aux portes de la forteresse avec la tunique blanche et la ceinture écarlate des Fedavi, Nassir-Eddin avait reçu un message du calife, qui lui disait :

« L'armée de Mangou n'est qu'à quelques journées de marche, et avant trois jours sommation sera faite à Roggen-Eddin de livrer ses forteresses. »

Le Vieux de la Montagne reçut sans colère les émissaires qu'il avait envoyés contre Louis IX.

Depuis longtemps il les croyait morts, et en les revoyant il les admit de nouveau parmi les fidèles et les dévoués.

— Maître, dirent les Ismaïlites, des jours nombreux ont passé depuis que nous aurions dû regagner la montagne. Mais la honte de rentrer au milieu de nos frères après un échec nous a retenus loin de toi. Si nous arrivons aujourd'hui, c'est qu'un grand péril te menace. Le calife de Bagdad et le juge de Kasvin sont ligués pour ta ruine, et les soldats tartares marchent contre toi.

— C'est bien, enfants, dit le grand maître.

Et, sans ajouter une parole, il les congédia.

Quand Roggen-Eddin se trouva seul avec son favori, il lui dit :

— Nassir, que penses-tu de cette nouvelle qu'on nous apporte, de cette guerre qu'on nous déclare ?

— Maître, répondit le vizir, les temps que nous traversons sont semés d'embûches. Partout des ennemis puissants sont levés contre nous, et peut-être à cette heure la trahison même est-elle entrée jusque dans ces forteresses imprenables.

— Eh quoi ! tu penserais, Nassir...

— Maître, j'ai habitué mon esprit à lire au firmament : les étoiles ne sont pas trompeuses comme la lèvre des hommes. Venez, maître, et vous verrez...

Et Nassir-Eddin conduisit le Vieux de la Montagne à son observatoire, et tous les deux ils examinèrent les astres. Les constellations avaient un langage effrayant pour les adeptes des sciences astrologiques. La trahison et la mort étaient écrites partout dans le ciel, et Roggen-Eddin sortit de l'observatoire, l'esprit sombre et préoccupé. Il se retira dans le lieu le plus solitaire de ses appartements. Une heure avant le jour, il alla réveiller les cinq Ismaïlites et leur ordonna de préparer cinq gibets d'infamie. Le lendemain, tous les habitants d'Alamout virent, pour la première fois, les jardins souillés par des supplices.

Cependant, les troupes d'Houlakou approchaient. Comme l'avait annoncé le calife au vizir, des ambassadeurs tartares se présentèrent à Alamout et sommèrent Roggen-Eddin de se rendre à discrétion. En d'autres temps, une semblable audace eût été immédiatement punie de mort. Mais depuis qu'il avait lu dans les astres, le Vieux de la Montagne ne savait plus que penser, n'osait plus se fier à personne. Il assembla le grand conseil des daïs, et leur fit connaître la situation. C'est dans de telles circonstances que tous les germes de mécontentement se font jour, et Alamout en vit alors un exemple frappant. Les daïs, princes de la doctrine et de l'action, se prononcèrent presque tous pour une soumission absolue, pendant que les chefs des réficks, admis au conseil, voulaient, au contraire, que jusqu'à la dernière extrémité on tentât la fortune des armes. Roggen-Eddin, plus indécis encore, congédia son conseil, et s'enferma avec le seul Nassir. Depuis la veille, le favori avait arrêté son plan de conduite.

— Nassir, dit le grand maître, tu n'as pas dit ton avis au conseil ; quelle est ta pensée ?

— Maître, répondit Nassir-Eddin, il y a dans ce qui se passe de grandes trahisons ; les Tartares sont puissants, et ils ont des amis nombreux à Alamout. Mais Mangou, leur maître, est généreux. Si, au lieu d'être Nassir, j'étais le Vieux de la Montagne, j'irais trouver Mangou, et lui dirais que nos vallées sont bien peu de chose pour son grand empire. Mangou m'écouterait et me laisserait en paix dans mes châteaux.

— Tu agirais ainsi?

Et cette interrogation fut faite d'une voix si terrible, que le grand vizir eut peur.

— J'agirais ainsi, répondit-il avec humilité.

— C'est bien, retire-toi.

Craignant de s'être trop avancé, Nassir-Eddin n'hésita plus. Quelques jours après, les troupes tartares entraient sans coup férir à Alamout, Roggen-Eddin était fait prisonnier avec quelques réficks dévoués. Les autres châteaux se rendirent comme Alamout, excepté Kirkou, qui soutint un siège de trois années. Mais dès lors, l'ordre des Assassins était détruit; les Ismaïlites furent persécutés dans la Perse, dans la Syrie, et on en massacra un si grand nombre, que des villes furent entièrement dépeuplées. Seul, le vizir Nassir-Eddin triompha dans ce désastre; il devint le favori du calife de Bagdad, et vécut de longs jours, chargé d'honneurs et de richesses.

XV

LA REINE MARGUERITE

Par un concours de circonstances qui serait incroyable s'il n'était attesté dans les chroniques françaises et arabes, pendant que le roi Louis succombait avec tant d'héroïsme à Mansourah, la reine Marguerite donnait naissance à un prince, qui recevait au baptême le nom de Tristan. Couchée sur le lit de douleurs, dans la chambre des soudans, la reine demandait à toute heure des nouvelles de l'armée, et rien encore n'était parvenu, à Damiette, des grands désastres de la bataille du Thanis. Cependant, comme il arrive toujours, de vagues et sinistres rumeurs, échos des airs et non des hommes, annonçaient, avant les messagers, la fatale nouvelle de Mansourah. On disait que le roi avait été tué au milieu de sa noblesse, et que la peste avait achevé l'œuvre fatale de l'Égyptien. En remontant à la source de ces bruits, on les traitait avec joie de fabuleux, car les portes de Damiette étaient fermées depuis le départ du roi, et personne n'avait pénétré dans ses murs. Une tristesse si profonde, un deuil si visible couvraient cette ville pestiférée, qu'il ne semblait pas possible qu'une bonne nouvelle pût arriver de dehors; aussi accueillait-on toutes les rumeurs fatales sans incrédulité. Le deuil appelle le deuil.

Un matin, les sentinelles placées sur les remparts, du côté du Nil, virent descendre par le fleuve les premiers messagers du désastre; c'étaient Paul Richard et les derniers débris de ses compagnons. Ces hommes n'attendirent pas que la porte du Nil leur fût ouverte; ils escaladèrent le rempart et demandèrent tout de suite à être introduits auprès de la reine Marguerite. Le noble vieillard de Niouzelles reçut Paul Richard et apprit, avec tous ses détails, le désastre de Mansourah.

— Il n'y a donc pas un instant à perdre, dit Paul, il faut sauver la reine et la conduire à Chypre sur le premier vaisseau.

— C'est impossible, dit Niouzelles.

Et, à son tour, il annonça la naissance du prince à Paul Richard.

— Par les cinq plaies du Christ! s'écria Paul, il faut sauver toutes les autres femmes! elles sont confiées à ma garde, et je les sauverai! Tout est perdu; l'armée est détruite par la peste et par le fer; le roi est pris; la noblesse a péri glorieusement à ses côtés. Si Dieu m'a sauvé, moi, c'est qu'il a ses raisons, et je crois les comprendre. Je ne vous demande pas des soldats pour mon escorte; ne dégarnissons pas Damiette; j'ai deux cents hommes au Delta, j'ai encore avec moi Emmanuel et quelques braves compagnons; cela me suffit. Nous irons dans une vallée du Liban, et si la France est morte à Mansourah, nous la ferons revivre dans les montagnes de la Syrie. Donnez vos ordres, monseigneur; faites-moi ouvrir la porte de Damiette, et, en quelques heures, j'emporte bien loin d'ici les germes chrétiens d'un meilleur avenir.

Paul Richard parlait avec ce feu qui est la conviction et la transmet aux autres. Le vieillard approuva tout et se rendit ensuite au palais, ayant une bien triste mission à remplir.

Quand la reine vit entrer le comte de Niouzelles dans sa chambre, elle prépara son âme à recevoir un coup terrible, car le visage du noble vieillard avait une expression qui ne laissait rien d'heureux à deviner.

— Vous pouvez tout dire, mon ami, dit la reine d'une voix ferme, je suis prête à tout entendre.

De Niouzelles leva les mains au ciel, et les laissa retomber en les croisant.

— Le roi est au pouvoir des infidèles, dit-il en pleurant; et il n'y a plus d'armée! Que le saint nom de Dieu soit béni!

— Que sa volonté soit faite! dit la reine.

Et la pâleur de la mort couvrit son visage, et des larmes, vainement comprimées, inondèrent le coussin où sa tête reposait.

— Pauvre enfant! ajouta-t-elle tristement en regardant le berceau de son fils, dans quel jour de désolation il entre au monde! Que Dieu prenne pitié de lui!

Et essuyant ses larmes, et donnant au ton de sa voix plus de fermeté, elle dit encore :

— Et l'armée, l'armée, a-t-elle bien fait son devoir ?

— Oh ! madame, l'armée a été sublime ! On s'est battu trois jours avec une bravoure que la France elle-même ne se connaissait pas ; et le roi a fait des actions héroïques qui surpassent tout ce qu'on raconte des faits d'armes les plus renommés.

Un sentiment de noble fierté éclata sur le visage de la reine, et un sourire traversa son regard comme un rayon.

— Madame, ajouta Niouzelles, le roi et l'armée auraient tout écrasé...

— Oui, interrompit vivement la reine ; oui, mon ami... Vous dites vrai, c'est la peste qui a vaincu la France ! l'honneur est sauvé !

— Maintenant, madame, dit Niouzelles d'un ton timide, permettez-moi de donner un sage conseil à Votre Majesté...

— Donnez, mon ami, je vous écoute.

— Il y a un navire à l'ancre...

— Assez, assez, comte de Niouzelles, interrompit la reine en étendant hors du lit un bras nu et superbe, assez, je vous comprends... vous appelez cela un conseil sage!... vous proposez une désertion à la reine de France, à la femme de l'héroïque Louis IX !

— Que Votre Majesté, dit le vieillard en s'inclinant avec respect, veuille bien considérer...

— Tout est considéré, interrompit la reine, je suis à Damiette, et j'y resterai tant qu'un ordre du roi ne m'éloignera pas d'une ville qui m'est confiée et qui est une conquête de la France! Nos hôpitaux sont encore remplis de blessés et de malades; chaque jour la peste y envoie de nouveaux locataires, et vous voulez que j'abandonne tous ces pauvres gens dont je suis la mère?... Vraiment, comte de Niouzelles, votre zèle pour moi vous aveugle; vous péchez par excès de dévouement; aussi je vous pardonne de bon cœur, et je vous serre les mains, mon bon et vieil ami.

Le comte de Niouzelles était attendri aux larmes; il baisa les mains de la reine et balbutia des excuses que le cœur formulait bien, et que la bouche exprimait mal.

Un grand silence se fit; le vieillard, debout et

appuyé contre un pilastre de l'alcôve, soutenait son front avec sa main ; la reine regardait, avec des yeux humides, le berceau d'osier où dormait son enfant. Jamais prince n'avait eu en naissant une couche plus modeste et plus indigente, le roi ayant ordonné qu'un prince royal ne devait pas dormir dans un autre berceau sur cette terre sainte, qui avait entendu les vagissements de la crèche de Bethléem.

La reine fit un signe de la main à Niouzelles, et celui-ci s'étant approché, elle lui dit :

— Croyez-vous, mon vieil ami, que les infidèles viendront à Damiette ?... N'hésitez pas à répondre... dites-moi tout ce que vous pensez... Vous voyez que, malgré mon état de souffrance et mes angoisses de jeune mère, je suis, grâce à Dieu, encore assez forte pour aller jusqu'au bout de mes malheurs.

— Madame, dit le vieillard, ce n'est pas à l'âge de quatre-vingts ans que je trahirai l'auguste confiance dont vous m'honorez. J'ai eu le bonheur de vous voir naître sous le ciel de notre belle Provence, de l'autre côté de cette mer, comme je vois naître encore aujourd'hui ce prince royal. C'est pour moi comme un souvenir d'hier. Votre noble mère vous remit entre mes bras, et je vous déposai dans un berceau de vermeil, couvert de rideaux de pourpre et de franges d'or. J'ai suivi tous vos pas dans la vie ; je vous ai vue sur les bords de la Méditerranée, jouant avec les algues que la mer arrondit, et j'étais joyeux dans mon cœur. C'est encore moi qui vous ai conduite à Paris, en veillant sur les dangers et les fatigues d'un si long voyage ; et plus tard, quand le roi était tout entier aux devoirs de sa glorieuse expédition, de Paris à Aigues-Mortes, d'Aigues-Mortes à Damiette, vous n'avez eu d'autre conseil, d'autre compagnon, d'autre guide que moi. Vous avez donc été l'orgueil des dernières années de ma vie, et la joie de ma vieillesse, âge triste qui n'a plus de joie. Ainsi, madame, je ne vous trahirai pas, au dernier de mes jours, par le mensonge d'une fausse espérance ; je ne vous dirai pas le contraire de ma pensée... Oui, je crois fermement que les infidèles poursuivront leur victoire et viendront à Damiette pour anéantir ce qui reste de chrétiens sur la terre d'Orient.

— Eh bien ! dit la reine en serrant la main du

vieillard, quand ce malheur nous arrivera, j'exige de vous un dernier service...

— Demandez, vous serez obéie en reine.

— Mon ami, poursuivit Marguerite avec énergie, il ne faut pas que la femme... ou peut-être la veuve du roi de France tombe vivante entre les mains de ses ennemis... Vous serez toujours là, l'épée à la main, à mon côté...

— Oui, madame, dit le vieillard avec la force de la jeunesse.

— Vous serez là, continua la reine ; et quand vous entendrez venir l'Egyptien dans ce vestibule, vous me tuerez !

— J'Y SONGEAIS, MADAME, dit le vieillard [1].

— Bien ! dit la reine, je n'ai jamais douté un instant de votre amitié... Maintenant, retirez-vous et dites à mes femme de venir. Mon enfant se réveille... on dirait qu'il m'a entendue.... je vais lui donner peut-être la dernière goutte de mon lait.

Le vieillard baisa et couvrit de larmes les mains de la reine, et sortit.

1. Cette scène et ces paroles appartiennent à l'histoire, et non à la fiction. Le sublime est souvent révoqué en doute et n'est admis que dans les épopées ; mais quelle fable épique vaut l'histoire de Louis IX ?

Un chevalier attendait de Niouzelles au bas de l'escalier du palais ; c'était Raoul de Nesle, le condamné de la cour d'amour.

— Monseigneur, lui dit Raoul, le jugement qui m'a frappé me déshonore aujourd'hui. Si le roi eût été victorieux, ma faute punie disparaissait dans sa victoire ; mais le roi est tombé au pouvoir de l'Egyptien ; mais l'armée est anéantie ; mais la noblesse a péri dans les plaines de Mansourah, et moi, moi seul peut-être, je suis debout et vivant ! Mon blason ne supportera pas cette *barre* d'infamie ! Donnez-moi ma liberté, sire de Niouzelles ; ouvrez-moi la porte de la ville ; laissez-moi suivre sur la montagne les chrétiens que Paul Richard va chercher au Delta. Le projet que je médite peut seul réhabiliter ma mémoire, et rendre à mon nom la pureté de son premier éclat.

— Voyons, dit le vieillard avec bonté, confiez-vous à moi : que voulez-vous faire si je vous accorde ce que vous me demandez ?

— Je partirai avec Richard, et j'irai fonder le premier monastère chrétien au Liban.

— C'est un noble projet, sire Raoul, dit le vieillard avec l'accent de l'enthousiasme ; fonder un monastère ici, c'est remporter une victoire sur les infidèles. Dieu, sans doute, a voulu vous dérober au désastre de Mansourah pour vous laisser accomplir ce grand dessein. Dites à votre tour le mot chéri de saint Augustin. *Heureuse faute ! O felix culpa !* Allez, mon enfant, et suivez votre généreuse inspiration. Le chemin qui conduit à la sainteté vous est ouvert.

Le même jour la porte de Damiette s'ouvrit, et, du haut des tours, on vit défiler la première caravane chrétienne sur la terre d'Egypte. Paul Richard marchait en tête d'une longue file de dromadaires et d'onagres. Les femmes de l'oasis du harem étaient au centre. Emmanuel et Raoul s'étaient placés au dernier rang, et récitaient le cantique de Moïse *In exitu*.

XVI

LE PÈLERINAGE ROYAL

Les Arabes, toujours épris du merveilleux, et fanatiques admirateurs des actions héroïques, traitèrent le roi prisonnier avec le plus grand respect; quelques historiens sont allés jusqu'à dire que, le soudan Neg-Meddin étant mort le lendemain de la bataille de Mansourah, il se rencontra dans l'armée égyptienne un parti puissant qui offrit le soudanat à Louis IX ; on ajoute même que les infidèles usèrent de violence pour le contraindre et marchèrent sur lui le sabre levé en lui disant :

— Fais-toi musulman, et sois notre roi.

— Faites-vous chrétiens, et je vous commanderai, répondit fièrement Louis IX.

Cela prouve du moins que le roi de France trouva dans son infortune, parmi les infidèles, beaucoup de sympathie, à cause de la brillante valeur qu'il avait déployée sur les champs de bataille de Damiette et de Mansourah.

Lorsque Louis, terrassé par trois jours de batailles, la peste et la cavalerie de l'émir, se leva du milieu des morts, un long murmure d'admiration l'avait salué du côté des Arabes : pendant quelques instants, ils se tinrent auprès de lui dans l'attitude du respect. Son armure dévastée comme un rempart démoli par un bélier, son casque partout fendu et laissant fuir des boucles de cheveux d'or, sa masse d'armes dégarnie de ses pointes, ses brassards rougis de sang, tout annonçait un courage, une vigueur, un acharnement au-dessus des forces de la nature, et son visage conservait encore cette formidable expression d'héroïsme divin que Raphaël a mise dans les traits de l'archange vainqueur du démon. En présence de ce roi ainsi arraché vivant au milieu de tant de morts, les Arabes se souvinrent des grandes traditions d'exploits contés sous les tentes des veilles, et ils convenaient tous que le grand Scander, le vainqueur de la ville d'Oxidraka, venait d'être surpassé par le grand roi des chrétiens. Voilà ce qui peut expliquer l'incroyable accueil que Louis reçut chez un peuple barbare, et la domination qu'il exerça sur ses vainqueurs. Il ne cessa jamais d'être roi ; il entra triomphalement au Caire, comme s'il fût entré dans la capitale de ses Etats, et le nouveau soudan, Al-Moddan, courba le front devant cet héroïque prophète arrivé du septentrion, et prêchant une nouvelle foi.

Aussi le roi de France, malgré sa captivité, lorsque les négociations commencèrent, put-il traiter d'égal à égal. Il ne subit aucune des conditions imposées, il dicta les siennes, et on les accepta. Les envoyés du soudan lui ayant demandé un million de besants d'or pour sa rançon (deux millions cinq cent mille francs de la monnaie d'aujourd'hui), Louis répondit avec une noble et fière dignité :

— Les rois chrétiens ne se rachètent pas avec de l'or. Je donnerai Damiette pour ma rançon ; et la somme que vous demandez je la donnerai pour la rançon de mes soldats.

Le soudan consentit à cet arrangement, et le roi alors imposa de nouvelles conditions, plus chères à son cœur et à sa conscience.

— Il me reste six mille hommes de ma nombreuse armée, ajouta-t-il ; j'exige qu'il me soit permis d'aller en Syrie avec eux, de visiter les lieux saints et de séjourner en Palestine aussi longtemps que je le voudrai.

Le soudan accorda tout ; les négociateurs musulmans, confiants dans cette haute réserve que déployait Louis, avaient ordre d'accepter tout ce qu'il proposerait.

Aussitôt après le traité conclu et la foi jurée de part et d'autre, Joinville et l'émir Fak-Reddin partirent pour Damiette, dont les portes furent ouvertes à l'ordre du noble ami du roi. La rançon de l'armée fut payée par la reine Marguerite. On donna un vaisseau à l'impératrice Marie qui allait rejoindre Beaudoin à Byzance, et la reine, les femmes de la cour et les Français de la garnison de Damiette se rendirent au Caire, où le roi les attendait dans le palais du soudan.

Louis, avant de commencer son pieux pèlerinage, voulut attendre le complet rétablissement du dernier des malades et des blessés, et, laissant au Caire sa petite armée, il s'embarqua sur le Nil avec Joinville, pour visiter les saintes grottes de la Thébaïde, où vécurent les illustres anachorètes chrétiens. Les regards de Louis furent très-peu distraits par les ruines de l'antique Egypte, ce long amas de poussière que le néant a faite sur les domaines des Pharaons; le roi ne daigna s'arrêter ni dans Arsinoé, la province des roses, que les barbares appellent le Faïoun; ni devant les quatorze pyramides de Saccarah; ni devant le lit poudreux du lac Mœris, où fut le Labyrinthe; ni dans les ruines d'Antinoé, la ville bâtie par Adrien. Chrétien et pèlerin, Louis ne trouvait rien pour son cœur dans ces souvenirs profanes; mais il s'arrêta sur la poussière de Thèbes, et chercha au désert les cryptes de Paul, de Pacôme, de Jérôme, de Macaire et de tant d'autres exilés du monde, qui vinrent cacher dans ces solitudes leurs mémorables repentirs. Il y avait là des Arabes logés sous les hypogées de Luxor, des soldats égyptiens revenus de

Damiette et de Mansourah, qui, voyant passer le royal pèlerin, et reconnaissant le héros de ces grandes journés, le saluaient par des cris d'enthousiasme et lui faisaint cortège à travers la Thébaïde, pour lui présenter, à genoux, l'eau de la fontaine et les fruits du palmier, comme ces merveilleux serviteurs que Dieu envoyait aux anachorètes pour étancher leur soif et assouvir leur faim, après la prière et la méditation.

Ce pèlerinage accompli, le roi descendit le Nil jusqu'au Caire et séjourna longtemps encore dans cette ville, toujours entouré des hommages et du respect des infidèles. Ayant fait toutes ses dispositions, il partit pour Saint-Jean d'Acre, avec les six mille soldats, débris de son héroïque armée; la reine et les princes l'accompagnaient. La caravane royale s'arrêta deux jours sur le champ de bataille de Mansourah, immense nécropole où reposaient maintenant tant d'illustres guerriers. Louis pria sur le tombeau de son frère et fit célébrer une messe de *Requiem* pour le repos des âmes de ces glorieux morts. On reprit ensuite le chemin de ce désert où Moïse avait passé à la tête de six cent mille Hébreux.

A Saint-Jean d'Acre, Louis quitta sa petite armée en la confiant à la reine, et déposant les insignes de sa royauté, il revêtit la bure du pèlerin, prit le bâton de voyage et partit à pied avec Joinville pour visiter les lieux saints. Il vit d'abord la montagne où le Christ se transfigura, le lac de Tibériade, le Jourdain, le village où pleura la plus inconsolable des mères, et Nazareth où s'arrêta l'étoile des mages de l'Orient.

Un soir, Louis et ceux qui l'avaient accompagné firent halte devant un paysage plein d'une tristesse et d'une désolation sublimes ; à l'horizon était une ville ceinte de vieilles tours, une campagne morte, une route poudreuse, attristée encore par les nopals et les figuiers stériles, et, pour bordure, la crête grise des montagnes de l'Yémen. Le roi se prosterna et baisa cette terre miraculeuse où, même au point de vue profane, le plus grand événement des histoires s'était accompli. Où étaient-ils les soldats de Tancrède et de Godefroid ? les croisés de Damiette et de Mansourah ? tous ces valeureux chevaliers qui s'étaient armés pour la délivrance du saint tombeau ? C'est en ce moment que Louis regretta en pleurant son armée intrépide. Jérusalem était devant lui, enchaînée comme une esclave aux pieds du trône d'un soudan, et criant encore au roi ces mémorables paroles : *Vous qui passez par ce chemin, arrêtez-vous et voyez s'il est une douleur égale à la mienne!* Toutes les voix de l'air semblaient redire les lamentations de Jérémie, et la ville autrefois pleine de peuple, *civitas plena populo*, pleurant sa solitude, *ne trouvait personne pour la consoler!*

Le roi se souvint de Clovis qui regrettait de n'avoir pu secourir, avec ses Sicambres, l'agonie du Calvaire, et il porta la main à sa ceinture pour y chercher son épée ; elle était absente pour la première fois ! Le roi guerrier n'avait plus que le bourdon du pèlerin ; un chapeau de paille de maïs remplaçait sur sa tête ce casque d'or qui étincelait à l'aurore, les jours de bataille, comme un soleil français : il tourna ses regards du côté de Ptolémaïs, comme pour voir si quelque prodige ne lui ramenait point la France ressuscitée à Mansourah. Mais ses yeux ne rencontrèrent que poussière, solitude, néant. Un silence tumulaire couvrait cet illustre chemin où avaient passé les armées de Cyrus, de Sennachérib, d'Héliodore, d'Alexandre et du fils de Vespasien. Ce petit coin de terre perdu, après avoir remué le monde, n'entendait plus que le chant de l'insecte dans les rameaux inflexibles du nopal, car *tout était consommé !* avait crié Jésus en exhalant son dernier soupir : *Consummatum est !*

Louis, se relevant, frappa trois fois sa poitrine, comme le centurion, en disant :

— *Celui-là est vraiment le Fils de Dieu !*

Et il s'achemina vers Jérusalem. Une profonde amertume saisit son cœur lorsqu'il passa sous la tour où flottait l'étendard de Médine, et il dit à Joinville :

— Dieu ne nous juge pas assez purs pour régner aux lieux saints ; les infidèles valent mieux que des chrétiens de peu de foi.

— Maintenant, je comprends Mansourah, répondit Joinville.

Et sans ajouter une parole, les augustes pèlerins franchirent le seuil de la cité sainte.

A l'entrée de la ville de Jérusalem, il y avait un pauvre caravansérail où dormaient sur la paille quelques Orientaux couverts des insignes de la misère. Pas plus alors qu'aujourd'hui l'islam n'avait courbé sous sa loi. Des populations nombreuses étaient restées fidèles au culte du Christ, et toujours quelqu'un des leurs accomplissait le pieux pèlerinage. C'est dans cette hôtellerie que le roi de France prit son premier repos en disant le mot du Thabor :

— *Il fait bon ici!*

— Oui, sire, dit Joinville attendri, c'est l'hôtellerie de Dieu.

Le lendemain, Louis ôta ses sandales et suivit, pieds nus, toutes les stations de la *Voie douloureuse*, depuis le jardin des Olives jusqu'au sommet du Golgotha. De ce point culminant, il contempla Jérusalem et chercha la place de ce temple *dont il ne reste plus pierre sur pierre*, et qui déchira son voile le jour de la grande immolation, lorsque la terre trembla, lorsque les montagnes se fendirent, lorsque les femmes juives pleurèrent, lorsque le soleil s'éclipsa, et que Denis l'Aréopagite, surpris par ces prodiges, s'écria :

— *Ou l'Auteur de la nature souffre, ou toute la machine du monde se dissout!*

Ces pieux devoirs remplis, le roi et son fidèle Joinville sortirent de Jérusalem et reprirent le chemin de Ptolémaïs.

XVII

LOUIS EN PALESTINE

En rentrant à Ptolémaïs, le roi trouva des lettres de la reine régente, sa mère, et du souverain pontife Innocent IV; les premières lui annonçaient que la France jouissait d'une tranquillité parfaite; les secondes lui témoignaient la reconnaissance de l'Église, et l'engageaient à poursuivre jusqu'au bout la plus glorieuse des expéditions. Au milieu de ses malheurs, ce fut toujours pour Louis une grande joie d'apprendre que la France était heureuse sous le sceptre maternel de Blanche de Castille. Ne pouvant s'arracher à cette Palestine, qui lui coûtait tant de sang chrétien, et ne perdant pas l'espérance de voir surgir quelque chose d'heureux et d'imprévu à l'horizon de la mer, il résolut d'attendre sur cette terre sainte, aussi longtemps qu'il le pourrait sans nuire aux intérêts de la France, sans violer le traité de paix conclu, par force majeure, avec le soudan.

Comme tous les hommes doués du génie de la conquête ou de l'apostolat, comme Alexandre et François Xavier, grands tous les deux, Louis IX ne pouvait regarder, du haut des tours de Saint-Jean d'Acre, les chemins qui se déroulaient devant lui, sans songer à tous les magnifiques domaines que cinq rivières arrosent, que le soleil féconde, que trois mers enrichissent, et que l'ignorance et l'idolâtrie déshéritent de l'avenir. « Si le rêve païen d'Alexandre pouvait un jour devenir une réalité chrétienne, se disait le roi de France, si j'avais ici mes soldats de Damiette, qu'il me serait aisé, non-seulement de conquérir toute la Palestine, toute la Syrie, mais de suivre le sillon tracé par le héros grec, d'arriver au détroit d'Ormus, de réveiller toutes ces nations endormies à l'ombre de la mort, de m'en faire des auxiliaires puissants, et de convertir à Dieu et à la France un nouveau monde indien ! Oui, dans les temps antiques, Alexandre avait fait ce beau rêve ; mais les hommes lui manquèrent ; il n'était suivi que de Macédoniens, soldats presque aussi efféminés que les Perses, et, abandonnant sa grande idée, il revint découragé à Babylone pour y mourir de désespoir. »

Témoin des progrès effrayants que la religion de Mahomet avait faits en Asie et en Afrique, Louis était saisi d'une sainte colère, et souvent il fut tenté de partir avec quelques milliers d'hommes, débris de son armée, et de marcher vers l'Indus pour éteindre l'incendie allumé à Médine, et planter sur les ruines de l'islamisme le double étendard de la France et de la croix. Abandonner l'Orient, sans y avoir bâti ou détruit quelque chose, était une pensée intolérable ; rentrer en France et dire aux populations : « Nous sommes tombés devant la peste et l'Égyptien, voilà tout ce que nous avons fait en Orient ! » le roi ne pouvait se résoudre à un dénoûment aussi déplorable, et il attendait toujours du ciel une bonne inspiration.

Il disait mystérieusement à ses fidèles : *D'au-*

tres accompliront un jour ce que je rêve; eh bien! il faut travailler pour ceux qui viendront après moi. Quand la reine et les femmes de la cour, n'osant parler de la France en présence du roi, *regardaient la mer en pleurant*, comme les femmes dont parle Virgile, Louis les consolait avec une onction de parole si touchante, que la sérénité rentrait au cœur de toutes, et qu'elles oubliaient leur doux pays. Alors le père remplaçait le roi ; Louis prenait son jeune fils dans ses bras, comme Hector aux portes Scées, et il demandait à Dieu d'accorder à ce prince, né en Orient, le bonheur d'entrer, comme Godefroid et Tancrède, à Jérusalem, et de n'en sortir jamais. Malheureux enfant! né dans le deuil un jour de bataille et de défaite, de longs jours ne lui étaient pas réservés. Il devait mourir avant d'avoir atteint l'âge d'homme, non loin des ruines de Carthage, et son cadavre devait être baigné par les pleurs de son père agonisant!

Ainsi, tenant toujours ses yeux fixés sur l'avenir, sinon pour lui, du moins pour son fils ou ses successeurs, le roi fit exécuter, à ses frais, des travaux qui étonnaient ses soldats, et qui nous paraîtraient fabuleux aujourd'hui s'ils n'étaient attestés par des chroniqueurs contemporains et dignes de foi. Comme s'il eût été roi de la Palestine, Louis agrandit l'enceinte du port de Saint-Jean d'Acre, répara les fortifications de quelques villes du littoral de Syrie, et releva les murs de Gaza, ville antique, pour laquelle il avait une prédilection, sans doute à cause de l'Alcide hébreu qui l'avait illustrée, car le nom éblouissant de Samson est inséparable du nom de Gaza. Merveilleuse légende biblique, qui, même dépouillée de son luxe de prodiges, étonne encore par la grandeur de ses enseignements ! Hercule vaincu par Omphale, Milon périssant par sa force, ne sont venus que bien longtemps après Dalila et le temple de Dagon. La Bible a tout dit, tout créé. Moïse était déjà au désert le sublime plagiaire des poëtes de l'avenir. Louis IX est un de ces hommes qui résument en eux toute la poésie de leur époque, et qui rêvant une magnifique épopée, et n'ayant pour l'écrire que la pointe d'un glaive, vont la graver sur les quatre pages des pyramides, la sablent avec la poussière du désert, et l'exposent en lecture au grand soleil d'Orient, pour l'admiration éternelle du monde. Louis IX, en Palestine, était donc dans le pays cher à son génie ; il avait devant lui tous les tableaux de l'Écriture sainte, depuis la plaine où rampe l'hysope, jusqu'à la montagne où s'élève le cèdre ; depuis l'Euphrate qui arrosa le berceau du monde, jusqu'au torrent de Cédron qui va se perdre dans la vallée de Josaphat, où le monde doit finir.

Louis laissait ainsi passer les jours, les mois, les années, ne pouvant, comme Annibal à Tarente, se séparer d'une terre qu'il regardait comme sienne, lorsqu'une fatale nouvelle arriva au môle de Saint-Jean d'Acre : Blanche de Castille venait de mourir ! Comme fils et comme roi, Louis ne pouvait recevoir un plus terrible coup ; mais son courage le supporta dignement, et dès ce jour, tournant toutes ses pensées vers la France, il fit ses dispositions pour un prompt retour.

Une autre nouvelle arriva presque en même temps adoucir un peu l'amertume de la première. Quelques chrétiens, arrivés du Liban, annonçaient qu'une colonie française s'était établie dans la vallée de Monjah, et que même elle avait fait alliance avec deux tribus voisines qu'on ne désespérait pas d'amener au christianisme. Le roi, vivement ému, se tourna vers Joinville et Salisbury, et leur dit :

— Avant de partir pour la France, nous irons visiter notre naissante colonie; tenez-vous prêts, messeigneurs.

Ensuite, il descendit du côté du port, et visita un à un les vaisseaux qui devaient le ramener sur la terre natale, pour s'assurer s'ils étaient en état de tenir la mer ; précaution qu'il ne prenait du reste que pour la grande famille voyageuse, confiée par la Providence à ses soins.

Pendant qu'on radoubait les vieilles carènes génoises, il restait encore à Louis assez de jours et de loisirs pour sa visite à la colonie du Liban.

Au moment où il se disposait à partir, on lui annonça qu'un chevalier, escorté de trente hommes d'armes, ayant bannière honorablement blasonnée, demandait avec instance à lui parler.

— Le temps est précieux, dit le roi, mais je puis en perdre une heure...

Et regardant sur la place où la foule était grande, il vit une bannière qui portait d'*or à deux génisses onglées, accolées et clarinées d'azur.*

— Ah! s'écria Louis, je reconnais ces armes : c'est sans doute le vieux et brave Guillem de Meyrac ; c'est le digne *fils de Gaston de Béarn!* Qu'il soit tout de suite introduit [1].

A ce nom, tous les chevaliers s'inclinèrent avec respect, et bientôt après un héraut d'armes donna passage à un vieillard à qui son grand âge n'ôtait rien de sa belle et noble prestance.

Guilhem de Meyrac était un guerrier des temps fabuleux, ressuscité au XIIIe siècle. La Syrie ne racontait que les hauts faits d'armes de ce chevalier, et son nom ne trouvait chez les infidèles que respect et admiration. Un des héros des précédentes croisades, il avait défié, en champ clos, les plus braves ennemis, rompu des lances avec Saladin lui-même, en mettant pour enjeu du tournoi la liberté des chrétiens prisonniers. Toujours sorti victorieux de ces luttes épiques, il se

---

1. On trouve cette curieuse scène dans un ouvrage à peu près inconnu et inhumé à la bibliothèque des manuscrits, où je l'ai découvert. — C'est un livre écrit en latin et intitulé : *Continuation de la chronique de Mediavilla, moine de Morlaas.*

servait de sa renommée, comme d'une influence puissante, pour rendre la justice aux chrétiens comme aux infidèles, régler leurs différends, protéger le faible contre le fort, et tous ceux qui le choisissaient comme arbitre suprême s'inclinaient respectueusement devant ses arrêts. La Palestine n'avait pas de secrets pour lui ; depuis longtemps, il avait quitté Saint-Jean d'Acre, et, suivi de ses hommes d'armes, il tenait la plaine ou la montagne, reprenant et continuant sa première profession de juge suprême du pays. A la nouvelle du prochain départ du roi, Guilhem de Meyrac abandonna la rive du lac de Génésareth, où il avait son tribunal, et vint demander à Louis de lui accorder la plus insigne des faveurs.

— Sire, lui dit-il, je suis vieux, et il me plairait fort de laisser mes os en terre sainte. Qu'irai-je faire en France ? Ma famille, ce sont ces compagnons qui suivent ma fortune. Si je rentrais dans mon manoir du Béarn, je serais forcé, par les statuts héraldiques, d'ajouter à mes armes une *barre de bâtardise*, ce qui me répugne fort. Ma naissance n'est pas très-légitime, j'en conviens ; mais c'est la faute de Gaston de Béarn, mon père, qui a oublié de me reconnaître en mourant. Aussi ai-je prouvé, en vingt batailles rangées, en mille tournois, en deux croisades, que j'étais son fils, et il est très-difficile d'être le fils d'un héros. Or, maintenant, sire, je commence par vous demander qu'il me soit permis de garder pur, et sans *barre aucune*, le blason de mes ancêtres.

— Sire de Meyrac, dit le roi en souriant avec bonté, vous avez dit vous-même que c'était contraire aux statuts héraldiques...

— Oui, sire, reprit vivement Guilhem ; oui, en France, mais pas en Syrie... C'est que, voyez-vous, sire, tant que vous ne m'aurez pas accordé ce droit de votre royale bouche, il se trouvera, même en Syrie, des chevaliers qui murmureront de l'absence de ma barre.

— Mais, dit le roi, puisque dans quelques jours nous quittons la Palestine...

— Ah! voilà sire, où je vous attendais, pour vous demander une seconde faveur bien plus grande que la première.

— Et laquelle, sire de Meyrac ?

— La faveur de rester en Syrie, pour moi et

mes compagnons. Vous savez, sire, combien je suis aimé dans ce pays, où j'ai le bonheur de faire beaucoup de bien. J'y suis à la tête d'une petite croisade pacifique, et nos ennemis sont tous mes amis. Il en rejaillit toujours quelque chose de bon pour la France, et çà et là, je ramène toujours quelques pauvres âmes à Dieu.

— Sire de Meyrac, dit le roi en serrant les mains du vieux chevalier, le roi chrétien ne peut vous refuser, et que Dieu vous aide ! Ce que vous faites est beau et grand !

Guilhem de Meyrac baisa les mains de Louis, qui était déjà à cheval, et montrait du regard à ses compagnons l'horizon du Liban.

XVIII

XVIII

LA COLONIE ET LE DÉPART

La vallée de Monjah jouit de tous les avantages réels que le plus beau rêve ait jamais imaginés pour la vie calme et patriarcale, la vie des premiers hommes de l'Orient. On y pénètre par une seule pente, assez douce du côté de la plaine, mais qui, en s'élevant, se hérisse de roches abruptes, où le pied sûr du pâtre ne trouve qu'à peine son chemin. Des murailles naturelles, presque à pic, bordent cette vallée dans toute sa longueur; des sources d'eau vive l'arrosent de toutes parts; les pâturages y abondent; des cèdres antiques s'y épanouissent avec toute la richesse luxuriante de leur verdure horizontale, et servent d'abris aux pasteurs et aux troupeaux.

Le 12 du mois de mars 1254, jour mémorable dans les traditions du Liban, les colons de cette vallée entendirent tout à coup les voix joyeuses des guides chrétiens, et virent paraître l'étendard de la croix au sommet de la rampe naturelle, seul passage à travers la montagne. Les hommes étaient occupés de leurs travaux habituels d'agriculture et de maçonnerie ; les femmes vaquaient aux soins domestiques. Aux premiers cris, tous accoururent pour recevoir les visiteurs inattendus et les frères voyageurs que le ciel leur envoyait. Paul Richard, qui sortait avec Emmanuel de la chapelle agreste où l'on rendait des actions de grâces au Dieu clément qui avait donné la paix et le calme aux Ribauds après les jours terribles des combats et des épreuves, dit à son ami, en lui montrant du doigt un des visiteurs :

— En voilà un qui ressemble au roi à s'y méprendre ; regarde bien.

— C'est vrai, dit Emmanuel en mettant sa main en auvent sur son front, pour mieux examiner ;

LA COUR D'AMOUR 263

s'il avait la cotte d'armes et le casque, je croirais revoir notre grand Louis, lorsqu'il eut perdu son premier cheval à Mansourah.

— Oui, reprit Paul en s'avançant, c'est bien sa fière démarche, sa haute taille, sa large poitrine... Il me semble que je vois poindre des boucles de cheveux blonds sous les ailes du chapeau de pèlerin... Mais... par le saint suaire! j'y vois clair! c'est lui! c'est le roi!

Et il courut en répétant ce cri dans la vallée, et les échos du Liban saluèrent Louis comme des voix du ciel.

Tous les colons se prosternèrent devant ce pèlerin royal, qui portait à son front la double auréole de l'héroïsme et de la sainteté. Louis les fit relever d'un geste et se mêla dans leurs rangs pour adresser la parole à tous, et laisser à chacun quelque souvenir de lui dans cette vallée, qui devenait la nouvelle France de l'Orient. Il voulut ensuite visiter en détail la colonie, et s'adressant à Paul Richard :

— Comte Richard, lui dit-il en souriant, soyez mon guide; je viens voir tous vos travaux, car je ne puis pas m'appliquer aujourd'hui ce mot de l'Evangile selon saint Jean : *Il vint dans son domaine, et les siens ne le reçurent pas* [1].

Louis fut d'abord conduit par le comte Richard à la première chapelle maronite fondée au Liban, celle où le vannier de Lutèce priait avec Emmanuel à l'arrivée du roi. Elle était contiguë au monastère, dont Raoul de Nesle était le prieur. Cet édifice n'avait ni luxe ni ornement ; mais, dit Paul Richard, au milieu de sa simplicité, sa toiture est aussi riche que celle du temple de Salomon ; elle est en bois de cèdre. Il est vrai que ce bois précieux, dont parle toujours le *Lévitique*, est aussi commun ici que le bois de sapin chez nous.

Après une courte prière, qui fut comme la consécration royale de la première église du Liban, le roi visita le village français composé d'une cinquantaine de petites maisons, toutes isolées et bâties sur le point le plus élevé du val.

— Ceux de nous, dit Richard, qui ne sont pas mariés, sont encore logés sous des tentes ; à mesure que nous ramenons à Dieu quelques familles de la tribu voisine, notre alliée, de nouveaux ma-

---

[1]. *In propria venit, et sui eum non receperunt.*

riages se contractent et de nouvelles maisons se bâtissent. Les trente femmes chrétiennes que nous avons enlevées à l'oasis de l'émir ont fondé avec nous la colonie ; les autres sont des femmes de race arabe converties à notre foi.

Richard montra ensuite au roi les jardins, les vergers, les métairies et les troupeaux nombreux qui couvraient les pâturages et les pentes escarpées de la montagne.

— Nous récoltons le froment et le riz dans la plaine, dit-il ; nous avons des toisons en abondance : ainsi rien ne nous manque, dans cette heureuse vallée, de tout ce que l'homme peut demander à Dieu pour les besoins de sa vie.

Le roi prenait le plus vif intérêt aux paroles de Richard, et, en l'écoutant, il oubliait les heures. Le soleil éclairait encore la plaine, mais l'ombre du crépuscule descendait déjà dans le vallon, et donnait des teintes charmantes, des aspects délicieux au vaste paysage de Monjah.

— Messeigneurs, dit le roi en se tournant vers les chevaliers de sa suite, il est trop tard pour nous remettre en route ; nous passerons la nuit dans cette France du Liban.

— Ce sera, dit Joinville, une grande joie pour nous et ces braves gens.

Aux dernières lueurs du jour, le roi admirait, avec une émotion profonde, le touchant tableau qui se déroulait devant lui. C'était une vision des premiers jours du monde oriental : les cèdres au flanc des roches; les troupeaux à l'abreuvoir des sources; les pâtres appuyés sur leurs bâtons noueux; des groupes d'hommes et de femmes revêtus des costumes primitifs; partout des horizons superbes, dessinés par une nature vigoureuse; au-dessus, le dôme splendide du ciel d'Orient.

La cloche de la chapelle, en sonnant la prière du soir, donna bientôt à ce tableau primitif un caractère moderne et chrétien. Quand cette voix de Dieu eut parlé aux montagnes, Louis fit cesser tous les entretiens, et s'achemina vers le lieu saint, à la tête des colons français. Les murs de cette primitive église maronite étaient nus et blancs; des nattes de maïs couvraient le sol; on ne voyait pour tout ameublement qu'un autel, six cierges de cire jaune et une croix de bois; mais c'était bien pour une chapelle ainsi indigente, ainsi fréquentée, qu'on pouvait citer le mot de l'Evangile : *Lorsque vous serez quelques-uns réunis en mon nom, je serai au milieu de vous.*

La prière dite, le roi voulut prolonger la veillée bien avant dans la nuit, pour écouter les aventures des colons. Paul Richard raconta au roi et à ses chevaliers l'histoire de son mariage avec cette femme providentielle qu'un ange semblait avoir conduite par la main de l'oasis du harem à Damiette, et de Damiette au Liban.

Louis prit le plus grand intérêt à tous ces récits, et, en les quittant pour aller prendre quelques heures de repos, dit à ces aventureux fondateurs de la France orientale :

— Mes enfants, demain, au point du jour, je veux vous voir tous réunis autour de moi, et je vous ferai mes adieux. Tout n'a pas été perdu dans notre expédition, puisque je laisse ici des hommes et des chrétiens comme vous.

Le roi, qui ne voulait jamais perdre ses bonnes habitudes guerrières, passa la nuit sous une tente, dormit sur une natte, et avant l'aube il était debout. Les colons l'attendaient déjà devant le monastère maronite pour lui faire cortége jusqu'aux frontières de Monjah. Les adieux furent touchants et dignes de la nature sublime qui environnait toutes ces grandeurs royales et plébéiennes réunies sous les cèdres du Liban.

Les femmes tenaient leurs petits enfants dans leurs bras, et les présentaient au roi, qui les bénissait, et appelait sur leurs jeunes têtes toutes les complaisances du ciel. Les hommes, la tête découverte, entouraient Louis, et lui donnaient, en pleurant, des messages pour leurs familles de France. Et le roi, comme le plus obscur des voyageurs, prenait grand souci de ces instructions familières, et chargeait son fidèle Joinville et ses autres compagnons de les écrire sur leur livret de parchemin.

Au dernier moment, et lorsque les guides descendaient déjà le sentier qui conduit à la plaine, le roi dit aux colons :

— Ce qui est semé sur une bonne terre portera ses fruits tôt ou tard ; vous êtes les grains de la moisson de l'avenir ; aucun de vous ne verra cet avenir, mais il vous sera glorieux de l'avoir préparé. L'homme passe, mais Dieu reste ; et ce que Dieu veut sera ; car lui seul est patient, et il en compte pas les siècles, qui ne sont pas même les minutes de l'éternité. Ici, dans cette vallée d'Orient, vous êtes les instruments du grand ouvrier divin. Vos petits enfants jouiront de l'œuvre, et vous béniront sur les terres d'une double France, celle qui va naître ici, et celle qui est déjà vieille de l'autre côté de la mer. Adieu, mes enfants bien-aimés; que les anges, ces amis des anciens patriarches, soient toujours au milieu de vous; vivez en frères et en chrétiens dans la justice et la mansuétude du cœur. Vous avez eu le courage de la guerre, ayez le courage du travail. Adieu, mes compagnons d'armes; nous nous reverrons un jour en Afrique, ou au ciel.

Les colons, émus aux larmes, se précipitèrent aux pieds de Louis pour baiser la poussière qu'il foulait en ce moment; les jeunes mères lui présentaient leurs enfants, et demandaient pour eux les bénédictions royales; c'était la séparation déchirante de deux familles qui n'en formaient qu'une, et dont la plus nombreuse perdait son père. On avait franchi la limite du val, et tous seraient descendus jusqu'au chemin du désert, si le roi ne leur eût ordonné avec bonté de rentrer à Monjah. Les guides étaient déjà loin. Louis et les chevaliers de sa suite arrivèrent bientôt en plaine, où ils trouvèrent leurs chevaux, et sous un soleil de feu, ils prirent la route de Ptolémaïs.

De nouvelles lettres de France, parvenues à la reine Marguerite dans l'intervalle, annonçaient les funérailles de Blanche de Castille, et calmaient toutes les inquiétudes que pouvait inspirer l'état d'un grand pays sans chef, sans armée et sans gouvernement. Circonstance unique dans l'histoire de France! le peuple s'entretenait de Damiette et de Mansourah, de ces grandes journées si glorieuses pour le nom français ; le roi lui apparaissait encore plus héroïque dans ces régions lointaines qui semblaient alors les limites du monde connu, et on attendait avec un calme sage le retour du glorieux pèlerin et de l'Alexandre chrétien.

Tout était prêt pour le départ au port de Saint-Jean d'Acre, lorsque Louis rentra dans cette ville après sa visite à la colonie chrétienne du Liban.

L'embarquement se fit au milieu d'une tristesse profonde, causée par de douloureux souvenirs. Aigues-Mortes et Saint-Jean d'Acre ! quel contraste ! Peu de vaisseaux et peu de soldats voilà tout ce qui restait de cette flotte immense qui couvrait la mer, de cette grande armée qui couvrait la plaine ! Le roi s'était embarqué le premier à Aigues-Mortes ; il s'embarqua le dernier à Saint-Jean d'Acre. Tenant son jeune fils dans ses bras, il ne voulut quitter qu'après tous cette terre de promission qui se dérobait à la sainte conquête de la croix ; les autres étaient déjà bien loin, et lui n'avait pas encore permis aux matelots de déployer les voiles et de gagner la haute mer. Le navire royal s'avançait avec lenteur, et le roi, debout à la poupe, contempla longtemps, avec des regards qui exprimaient l'émotion de son âme, les côtes lumineuses de la Syrie ; et quand il tourna ses yeux vers le pont du vaisseau, la haute tour de Saint-Jean d'Acre venait de disparaître à l'horizon.

La reine, les princesses et les femmes de la cour entouraient le roi, presque aussi nombreuses qu'au départ de France ; une seule manquait, la jeune et belle Grecque, fille d'Agelastos, morte à Damiette, avec toute sa famille, sous les atteintes du fléau d'Orient.

Un vent toujours favorable régna pendant la traversée, et le 10 juillet 1254 la flotte mouilla aux îles d'Hyères, sur les côtes de Provence.

Le roi, suivi de la reine, de Joinville, et des illustres compagnons d'armes que la guerre et la peste avaient épargnés, descendit sur la presqu'île étroite et sablonneuse qui s'allonge démesurément à peu de distance des ruines romaines de Pomponiana. Toutes les populations voisines étaient accourues depuis Fréjus jusqu'au fort de Toulon ; elles descendirent la colline d'Hyères, et reçurent le roi et les survivants de la croisade avec leur enthousiasme méridional. La nature de ces belles contrées, que favorise un printemps éternel, se chargea du complément de la fête, en étalant, au passage du roi, toutes les richesses orientales de son heureux climat. Il semblait que les beaux arbres de l'Afrique avaient aussi passé la mer, pour revoir, sur la terre de France, les augustes pèlerins de Jérusalem.

Hyères est une petite ville délicieuse, bâtie en amphithéâtre sur les bords d'un lac qui est la mer. On dirait que saint Louis, revenant d'A-frique, nous l'apporta comme un échantillon d'Orient, et qu'elle a conservé, depuis cette époque, sa ceinture d'orangers, ses jardins hérissés de cactus en fleur, ses aloès et ses palmiers superbement épanouis au bord des terrasses. On voit encore aujourd'hui, dans la haute ville, une église d'architecture sévère, et dont la teinte semblerait annoncer une antiquité romaine ; vers le XIIe siècle, ce vénérable édifice servit de refuge aux religieuses chassées par les Sarrasins d'un couvent qu'elles habitaient au bord de la mer, et dont on voit les ruines encore aujourd'hui. C'est là que le roi Louis vint s'agenouiller, et suspendre son bâton de pèlerin, seul trophée de sa victoire ; c'est là qu'il s'établit quelques jours comme dans la seule hôtellerie digne d'un prince défenseur de la croix.

Après ce repos, le roi et sa suite se mirent en marche pour Paris ; ce voyage ne pouvait se faire, à cette époque, qu'en vingt-quatre jours et avec des difficultés presque insurmontables. Des messagers, montés sur des chevaux arabes, étaient partis d'Hyères pour annoncer l'arrivée du roi aux habitants de Paris. La capitale s'émut vivement à cette grande nouvelle, et elle se prépara pour faire à ce grand homme une réception digne de lui.

Louis rentra dans sa bonne ville de Paris, le 10 août 1254, par la porte des Tournelles ; il était à cheval, et vêtu d'habits de deuil, comme le plus humble des artisans ; derrière lui s'avançaient la reine, son jeune fils né à Damiette, les princesses, le duc d'Anjou, le comte de Poitiers, le sire de Joinville, et ses rares compagnons, glorieux débris d'une si florissante noblesse. Les soldats croisés fermaient le cortége en se mêlant au peuple des faubourgs. Une foule immense saluait, par des acclamations infinies, cet héroïque roi, qui était allé à l'extrémité du monde pour parler de la France aux barbares de l'Orient ; cette jeune reine, ces femmes courageuses, dont le visage, bruni par le soleil d'Égypte, annonçait des fatigues inouïes et des pèlerinages fabuleux ; ces chevaliers qui apportaient, dans leurs rangs éclaircis, l'extrait mortuaire de la noblesse ; ces soldats plébéiens vainqueurs de Damiette et de la peste, derniers représentants d'une armée ensevelie à Mansourah.

La journée de ce retour était magnifique ; le

soleil du 10 août, ce témoin de la croisade, illuminait de ses plus beaux rayons les jeunes tours de Notre-Dame, les murs naissants de la Sainte-Chapelle et les tourelles aiguës du palais des rois. Ainsi accompagné par tout ce peuple, ivre d'enthousiasme, Louis traversa la Seine sur le pont Marie, et entra dans son domaine, pour y prendre ses premières heures de repos sur la couche royale de ses aïeux.

FIN

TABLE

Avant-propos		1
Chap.	I. Diev el veult	5
—	II. Chypre	19
—	III. Bataille de Damiette	35
—	IV. L'Incendie	51
—	V. La Secte des Assassins	67
—	VI. Les Ismaïlites	99
—	VII. L'Oasis	117
—	VIII. Une Nuit de ce temps-là	135
—	IX. Une Cour d'amour à Damiette	151
—	X. La Maison d'Agelastos	161
—	XI. Le Grand seigneur et le vannier	171
—	XII. L'Idylle de deux chrétiens	187
—	XIII. Bataille de Mansourah	197
—	XIV. Destruction d'Alamont	215
—	XV. La Reine Marguerite	227
—	XVI. Le Pèlerinage royal	239
—	XVII. Louis en Palestine	249
—	XVIII. La Colonie et le départ	261

www.ingramcontent.com/pod-product-compliance
Lightning Source LLC
Chambersburg PA
CBHW050651170426
43200CB00008B/1249